エリートの倒し方

天才じゃなくても世界一になれた僕の思考術50

元千葉ロッテマリーンズ捕手
里崎智也

飛鳥新社

はじめに

プロ野球選手から仕事術を聞いたって、意味ないだろう――

ふつうはそう思いますよね？　僕も思いますもん。もともとの天才たちだろうし、仕事といってもあまりに違いすぎる……。

でもちょっと待ってください。

僕があえて、ビジネスマンの皆さんのための本を書くのには、二つの理由があります。

第一に、僕が極めようとしてきたことは、皆さんの仕事に役立つと確信しているから。それはズバリ、「エリート」を倒し、「一番」になる方法です。

僕は千葉ロッテマリーンズで2度の日本一、さらに、第1回のＷＢＣ（ワールド・ベースボール・クラシック）に出場した侍ジャパンのメンバーに選ばれて、世界一まで経験しました。

でも僕は、決して野球の天才ではないし、エリートですら、なかったんです。

高校球児のころからスカウトに注目されるようなずば抜けた身体能力もセンスもありませんでした。大学でも野球部に入ったけれど、最初は「教師の免許を取って鳴門《なると》に帰ろうかな」なんて考えていたぐらいです。

プロ入りするとき、僕が選んだのは千葉ロッテマリーンズ。当時弱小だったチームに入れば、自分はレギュラーになれるだろうと狙ったのです。しかしそこでさえ、並みいるエリートたちを押しのけて一軍に定着するまでに5年もかかりました。

レギュラーになったらなったで、チームが勝つためにあれこれと試行錯誤する日々。だけど、戦力が揃《そろ》いまくっている球団や、人気球団を倒すことを突き詰めた結果、2回も日本一になれました。その2回目は今でも「史上最大の下剋上《げこくじょう》」と語り継がれる、レギュラーシーズン3位からの大逆転です。

才能で上回る相手に、どうやったら勝てるのか。それが常に僕のテーマでした。

努力はもちろんしましたが、そんなの全員やってること。**違いを生んだのは、努力から最大限の結果を引き出すための「ちょっとした工夫」だったと思います。**

皆さんの周りにも、自分より仕事ができる人、自分より将来を期待されている人、自分よりチヤホヤされている人がいるはずです。あるいは、強力なライバル会社がいて、追いつけ追い越せと目標にしているかもしれません。

そんな手強《てごわ》いエリートを倒すための方法、知りたくありませんか？

才能集うプロの世界で天才的ではなかったのに、一流に成長した選手もたくさん見てきました。僕自身の話はもちろん、そんな人たちのやり方も紹介します。

僕が本書を書くもう一つの理由は、プロ野球引退後の実感から来ています。

新たな人生をスタートし、さまざまな種類の仕事を始めているなかで、僕はあることに気がつきました。

それは今の仕事に、かつての野球人生で学んだいろんなノウハウが、実際に役に立っていること。里崎流の思考術が、ビジネスの現場や対人関係の方程式としても使えることがわかってきたのです。

たとえば僕はスケジュールさえ合えば、選《え》り好みをせずに仕事を受けます。マネージャーをおかずに、クライアントと直接スマホでやりとりし、できるだけ依頼してもらいやすくしています。アイデアが浮かんだらこっちからバンバン提案します。

現役時代の下剋上思考の延長で、メディアに出る人間としてもエリートじゃない僕は、自分から仕事を取りにいき、それだけでなく仕事をつくっているのです。

おかげさまで、「なんか里崎って、やけにあちこちで見かけるんだけどなんで?」と思って、この本を手に取ってくださっている方もいるかもしれません。

ちょっと偉そうな言い方になってしまいますが、本書で余すところなくお伝えする僕の戦略は、実際に成果に結びつけられると思っています。


エリートを倒すのは、めっちゃ気持ちいいですよ。

そしてそのためには手順があります。

それさえ間違えなければ、天才じゃなくても一番になれるんです。

第1章 「一番になる人」の意外な条件

1 「自分はたいしたことはない」、だから伸びる —— 16
最弱のチームを選んで入ったのに、めちゃくちゃうまかった。周りのレベルに圧倒されたときの開き直り思考

2 王道にこだわらず「自分の色」を磨き抜け —— 21
凡人がエリートを上回るための割り切り思考

3 チャンスは「頭を使った人」を選んでやってくる —— 25
「キャッチャーに一番大事なこと」の常識にとらわれていたら、チャンスを永遠に逃していた。僕の運命を変えてくれた逆転思考

4 目先のことだけやってるうちに、いつの間にかノーリスクで「かなってしまう夢」もある —— 30
夢の追いかけ方三つ。凡人が天下人に学ぶなら秀吉型思考

5
小さいこだわりが無限の可能性を永遠に殺す　35
鳴り物入りで入団しても伸びない選手もいる。何百人も見てきた「結果が出せなかった人」の共通点

6
前を向く魔法の言葉は「仕方ない」　39
全試合は勝てないし、毎日ヒットが打てるわけでもない。
誰にでもある「結果が出なかった日」のために

7
常に「三つの視点」から自分を見る　43
落ち込むのも慢心も、どっちもNG。自分を無理なく成長させるバランス思考

8
一流の人は、何よりも「受信力」を磨いている　47
あなたは、誰かの仕事のマネをしたことがありますか?

9
メンタルトレーニングは、いらない　51
「成功をイメージすれば実現する」なら、誰も苦労しない。
もっと確実に結果につながる方法

10
できる人を見たら「物理的」に近づけ　56
二軍の選手より、一軍のレギュラーのほうが練習している。
一流になるための上昇思考

11 正しい努力の仕方は、人に聞かなきゃわからない —— 61
長年プロの世界にいて気づいた「一流になれない人の4か条」とは？

12 10年以上活躍した選手は、最初から10年後を考えていた —— 65
厳しいプロ球界で生き残った人たちは「未来」をどうとらえていたか

13 嫌なことは「イヤイヤ一生懸命」続ければいい —— 69
短所は長所には変わらないし、その必要もない。うまく付き合う思考法

14 夢は越えられる —— 73
日本一になれるとも思わなかった僕が、世界一にまでなれました。思いがけない結果を呼び込める「どでかい思考」

第2章 エリートに勝てるシンプルルール

15 上司の「四つの評価」を知る —— 78
ぶっちゃけ、出世するにはどうしたらいい？ 組織でどう生きるかを決めるための思考

RULE

16 結局、「計画、実行、反省」ですべてはうまくいく　84
周りの選手と僕の違いを生んでくれたPDCAの力

17 下積みのプロになる　89
「基本中の基本」を積み重ねていたら、すごい記録をつくってしまった。
誰もが通らなきゃいけない道の正しい通り方

18 上にいる人はわざわざ降りてきてはくれない。でも、訪ねようとすれば拒まない　94
イチローさんと話せるかもしれない機会があったら、あなたはどうする？

19 対人データは「図式化＋色分け」で頭に入る　99
データを覚えなければならない人へ。誰でもできる暗記テクニック

20 やらない勇気を持つ　103
「どうしても調子が出ない日」を乗り切るための省エネ思考

21 上司は「褒めるときは適当」、「叱るときは本気」　107
後輩指導について、今だから言える本音！
褒めてばかりの人より厳しい人と付き合うべき、決定的理由とは？

22
遠回りは成功への近道
逆転思考の僕でも、この「使い古された言葉」だけは大切にしています
111

23
思い込みの力はここまですごい。
僕が「幸運な人」に変われた考え方
116

脳の「バカな部分」をうまく使え

24
アイデアを人に話すと、三つのすごい効能がある
現役時代から「プレー以外」でも球団を変えた発想法と実現法
120

25
「反省」は調子がいいときにするもの
しょっちゅう口にする「この言葉」を再定義するだけで、冗談抜きで人生が変わる
125

26
100点満点の中間管理職になれると思ったら大間違いであり、そこが頂点ではない
僕がコーチをやらない戦略的理由
129

27
「便利屋」になればチャンスは舞い込む
引退後の僕が、新しい世界で成功するために考えた生き残り思考
134

第3章
「勝負強い人」になる技術

28
テーブルの上に乗る努力をする――138
仕事を発注してくれる側には、「誰でもいいから！」という瞬間もある。
そこでは「一番」である必要はない

29
一発勝負の場面こそ「うまくいけばラッキー」で臨む――144
勝ちたい気持ちが強くなるほど、勝利からは遠ざかるもの。
緊張がピークに達したら？

30
最強の敵に勝つには「知らないまま」でいること――148
どんなに輝かしい実績だって過去のもの。
伝説のWBC優勝につながった、凡人のための勝利の法則

31
ほしいイメージは「逆算」してつくりだす――152
「歌うプロ野球選手」というキャラクターは計算ずくでつかみとった。
派手なプロモーションに必要な緻密思考

ANCE

32 データと迷ったら最後は「自分が王道」でいい 156
王道もセオリーも裏目に出ることはある。僕が勝負勘を磨いてきた前向き思考

33 「勝負強さ」の正体は、負けてもチャレンジしたかだけ 159
カリスマじゃなくても「持ってる人」になれる

34 交渉は先に動いたほうが負ける 164
個人事業主の僕らには、条件交渉も大事な仕事。全戦全勝を勝ち取るための理詰め戦略

35 チャレンジして「自分が失敗」するほうが、「代役が活躍」するよりも断然マシ 168
なぜ超一流の選手はケガを押してでも出場し続けるのか

36 「嫌いな人」をつくると自分が損をする 173
職場での対人関係に悩む人は、時間をムダにしている可能性大。「興味なし」でうまくおさまる効率的思考

37 負けてもいい、と考える 177
たとえ晴れの舞台でも、気負う必要はゼロ。鋼の心を持たなくてもプレッシャーから解放されるリラックス思考

第4章 「下剋上」できる組織のつくりかた

38 「有言実行」は、ノーリスク・ハイリターン 182
シーズン3位のチームが大風呂敷を広げながら、ついに日本一まで達成。
その背景にあった知られざる「費用対効果バツグン」思考

39 バカな組織は「即戦力」という無理な重荷で、有能な新人をダメにする 187
プロ野球界とビジネス界に共通する「人材育成」の勘違いとは

40 「自分は社長」という意識を持たせると、人は伸びてくれる 191
結果を出せない選手を、僕は厳しい言葉で責めることもあった。
成長を加速させる意識づけ

41 人を育てるためには「塩・コショウ」であれ 195
ピッチャーの欠点はひと目でわかるけど、矯正は後回しでいい。
部下をうまく育て上げるためのマネジメント思考

TEAM

42 上司と議論できる組織は一番になれる 200
監督のボビーと何度も口論になったけど、わだかまりはゼロ。
チームの勝利を目指すためには避けられない問題解決思考

43 「オレが責任を取る」という人は信用するな 205
選手の味方を気取った〝無責任〟なコーチもいる。
本当に部下を育て、チームを最強にするための伴走者的思考

44 絶妙なアドバイスには、「絶妙なタイミング」がある 210
部下や後輩への助言は、相手が聞く姿勢になっていることが大切。
僕がワンバウンドのボールを止められるようになった、名コーチの先回り思考

45 嫌いな人をつくらない秘訣は「傲慢」になること 214
苦手な同僚を拒絶していては、自分が損するだけ。
仕事を円滑に回すためのナイショの対人関係克服法

46 好調を全員で「シェアする」工夫が、勝てるチームを生む 219
バレンタイン監督は、勝ち試合に若手や控え選手をどんどん投入した。
日本の常識の逆をいき最強のチームをつくった組織育成思考

47
日替わりのスタメンで日本一を果たした「ボビーマジック」。その肝こそ、選手全員の集中力を高めたモチベーション思考
チャンスが平等に与えられるチームは、最後にトップを走る 223

48
「誰もがちょっと頑張れば目指せる」がベスト。組織が目標を立てるときのお手本
「ツーベース」の数を増やそう 227

49
「エンジョイ・ベースボール」はどうやってチーム全員に浸透したか
「自分がやらないことはやらせない」だけで、組織はここまでうまくいく 231

50
日本シリーズ、WBCはこうやって勝ち切った！最高の結果を手にするための最強思考
大一番は、日常の仕事より断然カンタン 235

第1章

「一番になる人」の意外な条件

BASIC

1

最弱のチームを選んで入ったのに、めちゃくちゃうまかった。

周りのレベルに圧倒されたときの開き直り思考

「自分はたいしたことはない」、だから伸びる

人は誰でも自分の力のなさを思い知る瞬間があります。

1999年のある日、僕は愕然《がくぜん》としてグラウンドに立ちつくしていました。

僕が入団したころのロッテは、一番どころか最下位で、その前の年に18連敗もしていました。プロ野球史上、ワースト1の記録です。たぶん二度と抜かれない記録だと僕は思っています。

1カ月にだいたい24~25試合しているので、3週間も負け続けていることになります。

アマチュアならまだしも、プロ同士が真剣に勝負してこれだけ連敗するのは普通あり得

ません。18連勝より18連敗のほうが難しいでしょう。

18連敗、最下位＝選手はヘボ。そういう方程式を僕は勝手に立てていました。「最下位の球団だから、選手がうまいなんてありえへんやろ」と、なめきってキャンプに行った僕は、驚きのあまり言葉を失いました。

目の前の選手たちは、打ったら遠くまで飛ぶし、走るのも速いし、ピッチャーの球は速すぎてとても打てるとは思えないぐらいです。

大学ではバリバリのレギュラーで、大学球界の捕手で1、2位の成績を残していた僕は、自信にあふれていました。

それが、「あれっ、こいつら、うめえな」と目が覚めたんです。

そのとき、「このチームが18連敗するなら、他のチームはどんだけ強いんだよ」と、自分の実力などたいしたことないんだと死ぬほど思い知ったのです。

自分の無力を知ったとき、人は三つのタイプに分かれると思います。

1あきらめる
2「こんなはずじゃなかった」と、ありとあらゆるものを恨《うら》む
3どうすれば力をつけられるか、考える

1は、早めにあきらめて他の道を選ぶのなら、まだチャンスはあります。

2のタイプは最悪で、絶対一番にはなれません。

皆さんの周りにもいませんか？

「この仕事は自分に向いてない」「こんな会社に入りたくなかった」とグチグチ言っている人。僕が上司だったら、「何の実力もないうちに、仕事を選べるわけないやろ。とにかく黙ってやれ！」と言ってしまいそうです。

プロ野球の世界でも、「こんなチームに来なかったら、俺は一軍に入れたのに」「監督やコーチが悪いから、俺は伸びなかったんだ」と周りのせいにして辞めていく選手はたくさんいます。そういうタイプは、入団してからずっと、「こんなはずじゃなかった」と何かのせいにしているから、伸びなくなるのです。

僕が選んだのは3です。

ショックを受けたけれども、僕には根拠のない自信がありました。僕は、世界中の誰よりも自分のことを信じている人間です。元々スーパースターだったわけではないし、高校時代からちょっとずつできるようになって結果的にプロになれたので、それまでと同じように足りないところをしっかりやれば、「俺はできる」って思ったんです。

自分の無力さを知ったときに、初めて人は成長できます。自分の足りないところや欠けているところと向き合ってはじめて、補おうと考えられるのです。

「こんなはずじゃない」と思っている人は、自分ができないことを認めていない。それだと成長できません。

監督が悪い、コーチが悪い、上司が悪いという人は、僕からしたら、「使われないものしか見せられていない、出せていないんじゃないの?」って思います。もしくは、相手が望んでいるものと、方向性がズレている可能性もある。

自分に恵まれた環境でしか結果を出せない柔軟性のないやつなんて、組織においてうっとうしいだけでしょう。

だから、なるべく早い段階で自分の無力さを知って、打ちのめされたほうがいいんです。「自分はこんなものなんだ」と思い知ったときこそが、チャンス。そこから再スタートを切れた人だけが、一番に駆け上がっていける可能性があるのです。

2

凡人がエリートを上回るための割り切り思考

王道にこだわらず「自分の色」を磨き抜け

一番になれる人というのは、早い段階で「自分の色」を見極めて、それを磨いている。僕はそう思います。

「自分の色」とは僕独特の表現なんですが、分かりやすく言うなら「自分の武器」のこと。

二刀流の大谷翔平《おおたにしょうへい》選手のように武器をいくつも持っている人は、プロ野球の世界でもめったにいません。ホームランバッターは足があまり速くない選手が多いし、ピッチャーはたいてい打撃があまり得意ではないものです。プロであってもオールマイティにこなせる人は少ない。自分の色を磨き、最大限に輝かせることができる人だけが、ずっと一軍にいられるのです。

読売ジャイアンツには、僕より二つ年下で、「走塁の神様」と呼ばれる鈴木尚広《たかひろ》という選手がいました。彼は巨人に入団したものの、怪我に泣かされ、なかなか芽が出なかったのです。原辰徳前監督は彼の足の速さに目をつけ、勝負どころで代走として起用しました。その結果、228の盗塁を成功させ、2016年に引退するまで、通算盗塁成功率は8割2分9厘《りん》で歴代一位の成績を収めています。

誰もが鈴木選手が代走になったとたんに、盗塁をすることが分かり、警戒します。100人中99人が分かっていても、彼は確実に成功させる、まさに「**一芸必殺**」です。

鈴木選手はただラッキーだったわけではありません。彼は毎日誰よりも早く球場入りしてトレーニングに励んでいました。スピードスケートの選手にスタートダッシュの方法を教えてもらったり、本当にストイックに練習に打ち込んでいたのです。

いつ来るか分からない本番のために、常に100パーセントの準備をする彼に、周りもみんな一目置いていました。楽天は何度もトレードを申し込みましたが、巨人は鈴木だけは出せないと断わったといいます。

一番になるためには、時には夢さえも捨てなくてはならないことがあります。

誰もが本当はホームランバッターや剛速球ピッチャーに憧れます。だけど、そこに到達するのはプロの中でもごく一部。それが現実なのです。


今までお山の大将的にスーパースターで来た人ほど、ダメになっていく確率も高いような気がします。


なぜなら、負けたことがないから。周りからもチヤホヤされて、ライバルに負けたことがないと、負けたときに「こんなはずじゃなかった」と人のせいにします。だから、挫折《ざせつ》に弱い。挫折を知らないから、立ち直り方も知らないんです。

高校野球の清宮幸《きよみやこう》太郎《たろう》君は、スーパースターになるか、全然ダメになるかのどっちかかな、と僕は思っています。清宮君は体が大きくて体格に恵まれているし、リトルリーグの代表選手に選ばれて世界一を獲得しました。挫折知らずなわけです。

でも、プロはそういう選手ばっかりなのです。うまくいけば松井秀喜さん並みのスーパースターになれるだろうし、どこかのボタンのかけ違いでうまくいかなくなったときは、落ちていくのも早いと思います。僕は、そういう選手を大勢見てきました。

斎藤佑樹選手も、高校・大学野球ではスーパースターでした。プロ入り後の佑ちゃんは追い求めるところを間違ったんだと感じています。引退するまでにそれを正せるかが勝負でしょう。

僕は後輩たちに「自分の色を早く分かれ」って常に言っています。

夢と現実は違うので、自分のやりたいことと、自分がそれをできる能力があるかは別問題です。かなわないかもしれない理想を追い求めるのも大事ですが、手が届く目標値を設定しながら進まないと自分が育ちません。

鈴木選手はレギュラーにはなれなかったけれども、自分の持ち場をしっかり確保して超一流になれました。スターになる道から離れて、走塁やバント、代打など、自分にしかできない道で一番になれば、プロの世界では長く生き残っていけるのです。

それはどんな世界でも同じじゃないでしょうか。

追い求める色を間違えなければ、いつしかあなただけの「一芸必殺」に育つでしょう。

3

「キャッチャーに一番大事なこと」の常識にとらわれていたら、
チャンスを永遠に逃していた。僕の運命を変えてくれた逆転思考

チャンスは「頭を使った人」を選んでやってくる

「チャンスに恵まれない者はいない。ただそれをとらえられなかっただけだ」というアメリカの鋼鉄王・アンドリュー・カーネギーの言葉があります。

確かに、それはその通りですが……。

野球のゲームでも一試合で必ずチャンスは巡ってきます。けれども、それは相手のチームも同じこと。運に任せていては一番にはなれません。**勝ち越すには来たチャンスをつかむだけではなく、頭を使って、つくらなくてはならないのです。**

僕はキャッチャーとしてロッテに入団しました。もちろん最初は二軍で、そこから正

捕手を目指して熾烈《しれつ》な競争を勝ち抜かなくてはなりません。

ところが、ミーティングに出ていても、そこで交わされる会話はあまりにも高度すぎてよく分からなかったし、とても一朝一夕《いっちょういっせき》で何とかなるものではないと感じました。

僕はそのとき、「リードは正解のないことだろうし、ピッチャーの力量も関係するだろうから、簡単に評価されるものではないんだな」と悟《さと》りました。キャッチャーは1年や2年でできるようになるものではありません。打席に立ったバッターの心理を読みながらピッチャーをリードしないといけないので、長い年月をかけて試合勘を身につけていくしかないのです。

そして、キャッチャーはチームの司令塔でもあります。監督の戦略をもとに、配球や守備位置を決めるのはキャッチャーなのです。

プロとしての厳しさを痛感するのと同時に、「**自分だけじゃなく、どうせみんな最初は分からんかったんだろう。きっと長く試合に出ているうちに覚えるもんだろ**」とも思いました。

じゃあ、長く試合に出るために、何が必要か。**自分が出るためには、他の人が持って**

ない武器で、自分が一番得意な武器を見せるのが一番評価されやすいと考えました。

リード力、守備力、バッティング。その三つが備わっていないと一軍にはいけません。僕は4年の下積みで一軍に出られるぐらいの守備力は身につけていました。でもまだ平均的だから目立たない。そこで、「周りは打たれへんのやから、打ちゃ出れるやろ」と、本来キャッチャーにとっては優先度が低いバッティングをあえて選んで磨いたんです。

普通は、地道にチャンスを待つのが王道なのかもしれません。

でも僕は、チャンスを待つのではなく、つくりにいくことにしました。もちろん、リードのために試合のビデオを見たり、相手チームのデータも研究しました。それ以上に、バッティングの猛練習をしたのです。

僕のこのアプローチは間違っていると先輩たちから呆《あき》れられていました。けれども、僕の読みは当たっていて、打てるようになってからは試合に出してもらえるようになりました。経験を積むと次第に「サトは守備がいい」と評価されるようになって、レギュラーの座を獲得できたのです。

もし僕が新人営業マンだったら、5年目や10年目の人と同じように営業に回るのはムリです。ムリだけれども、できない経験をいっぱいできるような環境にいないと実力がつかないでしょう。

そういうときは、自分ができる一番得意な方法を磨いたほうが、その環境にいられます。僕なら、しゃべるのはめっちゃ得意ですし、人を楽しませるのも好きなので、完璧なプレゼンはできなくても、その分は雑談に磨きをかけてチャンスを多くします。

しゃべりが苦手な人だったら、すごく丁寧《ていねい》にメールをするとか、話せなくても相手の話をひたすら聞くとか、何かひと工夫ができるのではないでしょうか。そうして回数を重ねるうちに、どんなことを話したらいいのかも分かってくるんじゃないかと思います。

会社の選び方にしても、みんながみんな一流企業や有名企業に入ったら、そこは激戦区になります。それこそ才能がある人でないと、そこで一番になるのは圧倒的に難しい。

僕がロッテを選んだように、**自分が戦える環境を選ぶのも、エリートを倒し、一番になれる戦略の一つです。**

もし強い球団に入ったら、一流の捕手がひしめきあっていて、永久に日の目を見なかったと思います。ヤクルトには古田敦也《あつや》さんがいたし、ダイエー（現ソフトバンク）には城島健司がいた。その不動の地位を奪うことは絶対に無理だと分かっていたのです。

小さな会社であれば、チャンスをつくれる回数も多いはず。そこで一番になるのは、大きな会社で頭角を現せずに終わるより、ずっとずっと面白いんじゃないでしょうか。

仕事を任されることが多い環境でスキルを上げたら、野球選手がFA移籍するように、一流企業に行くのも一つの手だと思います。

4

夢の追いかけ方三つ。凡人が天下人に学ぶなら秀吉型思考

目先のことだけやってるうちに、いつの間にかノーリスクで「かなってしまう夢」もある

生まれながらにして特別な才能を持っている人は、世の中に確かにいます。

僕はそういう人を羨《うらや》ましいと思います。僕が10の努力をして手に入れるものを、1の努力で手に入れられる人は、学生時代もいましたし、プロ野球の世界にもいました。

でも、才能を持っている人だけが一番になるわけではありません。

僕自身、プロ野球の世界に入ってから、芽が出るまでには時間がかかりました。

甲子園から注目されていたようなスター選手ではなかったし、大学時代も自分がプロになるとは考えてもいませんでした。大学リーグで4試合連続ホームランを打ったころ

からスカウトに注目されるようになり、周囲が「プロになれるぞ」と騒ぎ出したから、「あれ、俺、プロになれるのかな?」と意識したという感じです。

強いモチベーションがあったわけではないので、入団してからもしばらく伸び悩んでいました。1年目には左手首を骨折して公式戦には出場できませんでした。その翌年には出場できたけれども、一軍と二軍を行ったり来たり。5年目にしてようやく一軍に定着したのです。

大谷翔平選手が高卒でプロ入り1年目から一軍で活躍し、4年目にして日本プロ野球界最速の球を投げ、ホームラン22本でチームの日本一に大貢献しているのに比べると、僕なんて完全に遅咲きです。ロッテが31年ぶりの日本一に輝くには、一軍に定着してからさらに2年かかりました。

まっすぐ一番になれる人もいれば、あちこち遠回りして一番になれる人もいる。自分がどちらのタイプなのか、早い段階で一度考えてみてください。

僕は、**夢の追いかけ方は織田信長方式、豊臣秀吉方式、徳川家康方式の三つがあると**

考えています。

織田信長は最初から天下布武《てんかふぶ》という壮大な夢を追い、小国の小大名から日本を統一するんだという最大の目標を掲げていました。結局は天下統一目前にして家臣に裏切られてしまいますが、自分の夢に向けて突っ走り続けたわけです。

子供のころから「プロ野球の選手になる」「オリンピックで金メダルをとりたい」という最大の目標を掲げて、夢を追い求めるタイプが織田信長タイプです。

豊臣秀吉は農民から成り上がっていきます。織田信長の草履《ぞうり》持ちから始めて、足軽、少将、参議とコツコツ実績を重ねて、織田信長が倒れた後に天下人になっています。

おそらく、秀吉は最初から天下統一を果たしたいと考えていたわけじゃないんじゃないかな、と思います。高望みはしないで、目の前のノルマをこなしているうちに出世していき、最後に天下統一を果たしました。最初から大目標を掲げるんじゃなく、目の前のことで一番になるという目標を掲げて、夢を追い求めるタイプです。

徳川家康は、ずっと天下を取りたいと狙いつつも、世の中のバランスを見ながら出る時機を待って、62歳にしてようやく大将軍になっています。それまでは「一番には興味ありませんよ」と空気のように表に出なかったのに、出るときは間違わないで一気に出る。豊臣家を根絶やしにしたのだから、もっとも一番に執着していたのかもしれません。

織田信長方式は、リスクが高い夢の追い求め方です。最初から一番だけを狙って、一直線に駆け上がっていくのです。実現したときは、歴史に名を残すぐらいの快挙を果たすのですが、挫折したときの反動はハンパないでしょう。立ち直れなくなり、表舞台から去っていく人もいます。これはよほど才能がある人だけが成功できる方法です。

僕は秀吉方式です。

無心に野球をしていたらプロになり、レギュラーになれるように戦略を練って練習に励んでいたら、5年目で1軍に定着できた。そうしたらチームが優勝できて、日本代表に入り、世界一に……と階段を一歩ずつ上がっていきました。

才能がない人は、秀吉方式でいくのがいいと思います。遠回りしながらも、一歩一歩夢に近づいていくのです。

家康方式で成功している人もいます。この方式は何十年もずっとチャンスを待つ精神力や忍耐力が必要です。心の強さに自信があるなら、この方式でいくのも手だと思います。ただ、プロの選手に賞味期限があるように、ビジネスの世界でも賞味期限はあるでしょう。そう考えると、やっぱり秀吉方式が一番現実的かもしれません。

いずれの場合も、誰に教えを請《こ》うかも重要です。それを見極める眼力を磨く意識を持ってください。迷ったときは、「自分がこうなりたい」と憧れる人を選んでみるといいでしょう。

5

鳴り物入りで入団しても伸びない選手もいる。
何百人も見てきた「結果が出せなかった人」の共通点

小さいこだわりが無限の可能性を永遠に殺す

世の中は常に椅子取りゲームです。

何人が席に座れるのかが決まっていて、椅子に座れた人だけが一番になれる可能性がある。誰もがその席に座りたいと狙っているけれど、なかなか席は空かないし、空いてもあっという間に埋まってしまいます。

いかにして椅子に座るのかは、もちろん大事です。けれども、**椅子に座れなかったときにどうするかは、もっと大事なことです。**

僕も、最初は椅子に座れませんでした。

前述したように、最弱のチームだから捕手としてレギュラーになれる確率が一番高いだろう、と選んだロッテも、想像以上に選手のレベルが高かった。守備力だけでは正捕手の椅子に座れないと気づいたから、バッティングの腕を磨きました。つまり、むりやり椅子をつくって座ったようなものです。

もちろん、すぐに打てるようになったわけじゃありません。自分の努力のほかにも、さまざまな人に力を借りました。

たとえばある日、西武から移籍してきた原井《はらい》和也さんが、西武の監督だった伊原《いはら》春樹さんから教わったという、次のような話を聞かせてくれました。

「来ない球を待ってたところで、一生打てない。ちょっと頭使って来る球を考えて打ったら、1割打率が上がるよ」

このアドバイスは効きました。それから、相手チームのバッテリーを研究して打つようになり、2003年には打率が3割1分9厘にまで跳《は》ね上がったのです。そして、僕もなんとか椅子に座れるようになりました。

普通、「こだわり」という言葉には、いいイメージがあります。

一流の人にはこだわりがある、確かにそうでしょう。**でも、僕はダメなやつほどこだわりが強いと思います。**

一軍でレギュラーになれない選手ほど、「俺にはこういうやり方があるんだ」「俺の理論ではこうなんだ」と主張して、人の意見に耳を傾けない。監督やコーチがアドバイスしても、「いや、僕のやり方があるんで」とシャットアウトしてしまうんです。「いやいや、結果を出してないのに、お前のやり方なんて聞いてないんだよ」と、周りはみんな思っています。そうなると、段々と何も言ってくれなくなる。気がついたら、一軍から姿を消してしまうのです。

つまり、**こだわりはいきすぎると執着《しゅうちゃく》になる**んだと思います。

いい意味でのこだわりを持っている人は、ストイックに最上のものを追求していきますが、そのために方法は絶えず変えています。**一流の選手ほど時代の流れに敏感で、トレーニングをあれこれ試して、効果のあるものを常に探しているのです。**

それを変えられなくなってしまったら、それはもう悪しき執着です。執着すると視野が狭くなり、人の意見に耳を傾けなくなります。そうなったら、人は伸びません。

ビジネスの世界でも、自分の仕事のやり方を変えない人はいるんじゃないでしょうか。時間をかけて丁寧《ていねい》に資料をつくるのだけれども、締切に間に合わなくなってしまう。見かねた上司に急《せ》かされても、完璧な資料をつくろうとする人は仕事熱心なように思えます。

けれども、その立派な資料が期日に間に合わなかったらどうなりますか?

世の中は結果がすべて。プロセスが重要だというのはアマチュアの考え方です。早く仕上げて上司にチェックしてもらったら、間違いを指摘されて直す時間もあるでしょう。ギリギリに仕上げられたら、上司もチェックできません。

こだわりが強いあまり、周りにも迷惑をかけ、自分が評価してもらうチャンスも台無しにしてしまう。そんな人は、永遠に椅子に座れないかもしれません。

6 前を向く魔法の言葉は「仕方ない」

全試合は勝てないし、毎日ヒットが打てるわけでもない。
誰にでもある「結果が出なかった日」のために

僕の口癖は「仕方ない」です。

打たれてしまっても、仕方ない。

三振に終わったとしても、仕方ない。

日常生活でもよく使うので、嫁には「仕方ないじゃないわよ！」と怒られます（笑）。

僕がビジネスマンだったら、大失敗をしたときに、「いやあ、これは仕方ないでしょ」と発言して、上司に「仕方ないじゃねえんだよ！」と叱《しか》られそうですが、実際にそうでしょう。終わってしまったことを「あのとき、あんな発言をしなかったら、取引先を怒らせることはなかった」といくら後悔したところで、その現実は消せません。
クヨクヨ後悔するより、その失敗を反省して次にどう活かすかが勝負です。

「仕方ない」には2種類あります。

一つは、「人事を尽くして天命を待つ」ということわざのように、ベストの努力をしてもダメだったとき。もう一つは、努力もせずに成り行きに任せていたら、うまくいかなかったのであきらめるとき。

僕の「仕方ない」は前者です。だから、僕は反省はするけれども、後悔はしません。

適当にやって失敗したのなら、仕方ないでは済まされないでしょう。僕だったら思いっきりへこみます。けれども、**全力でやっていても失敗することはある。そういうときは「仕方ない」としか言いようがないのです。**

そう言って、気持ちを切り替えて次のステップに進むしか、できることはありません。

プロ野球選手のなかには、引退してから「あのとき、もっとトレーニングをしていたら、うまくなれたかもしれない」と後悔の弁を述べる人がいます。

「学生のときに、もっと勉強しておけばよかった」という人もいますよね。そういう発言を聞くと、「カッコ悪いなあ」と僕は思います。

それは今、いろんなことを経験して、いろんな経験をした知識があるから、あのときこうしておけばよかったと思っているだけ。その当時は今の知識はないのだから、不可能なことを言って「何を言ってんの？」と思います。

僕はその時々で、持っていた知識をフルパワーで活用して、選んで、最大限を出してきた自負があるので、「ああしておけばよかった」なんて思いません。

もちろん、もっと早く知っておけばよかったことは、本当は山ほどあります。それでも、それはいろんな経験をしたうえで分かったことなので、嘆《なげ》いても仕方がないのです。

結局、全力を出し切らないから後悔するんじゃないかと思います。

皆さんが後悔するのは、どんなときですか。

こんな会社を選ばなければよかった、会社を辞めなければよかった、資格をとっとけばよかったとか、いろいろな「やっとけばよかった」があるでしょう。

その「やっとけばよかった」をなくすには、今やるしかないんです。林修先生の「今でしょ！」です。

今の会社に不満があるなら、転職するという方法があるでしょうし、会社を辞めたことを後悔しているなら、また働かせてほしいとプライドをなげうってお願いすればいいんじゃないかと思います。行動を起こさないと、いつまで経《た》っても後悔は消えません。現実は変えようがない。だから後ろを振り向いてばかりいるんじゃなく、前へ前へ進むしかないのです。

僕は、アメリカの発明家のトーマス・エジソンの伝記を子供のころに読んで、感銘を受けました。エジソンは電球や蓄音機など、さまざまな発明をしましたが、そこにたどり着くまでにはたくさん失敗もしています。

「それは失敗じゃなくて、成功だ。少なくとも、その方法ではうまくいかないことが分かったのだから」という言葉は、今でも心に残っています。

失敗ではないのなら、後悔する必要もない。別の方法を考えてチャレンジすればいいだけ。そう思いませんか？

7

落ち込むのも慢心も、どっちもNG。自分を無理なく成長させるバランス思考

常に「三つの視点」から自分を見る

僕が今まで多くの人と出会ってきて感じたのは、エリートに勝って一番になれる人は他の人と視点が違うんじゃないかということです。

「俺はできているのに周りが評価してくれない」なんて自分に甘い人や、周りの目を気にして自分を評価しなさすぎる人は、成長できません。

一番になれる人は、必ず三つの視点を持っています。

一つ目は**自分から外を見る視点**。二つ目は自分を客観的に見る、**外から自分を見る視点**。三つ目は、僕だったら監督の視点、皆さんだったらチームの**リーダーや経営者の視**

点です。三つの視点で、自分がどう動かなきゃいけないのか、どう動いているのかを客観的に三方向から見るのが大事です。

一つ目の自分から外を見る視点だけだと、自信過剰になったり、自分はできているという誤解を生む可能性があります。そこで二つ目の客観的な視点が重要になってきます。

僕が必ずやっていたのは、自分の感覚をすりあわせるために映像を見ること。試合での自分の動きを、試合後にビデオで確認して、「あれ、自分では結構変えてるつもりなのに、たいして変わってないな」「ああ、対戦相手のあの動きはたいしたことなかったな」なんて、**感性の間違いを調べる**のです。

ビデオを見られないときも、もう一人の厳しい自分を置いて、客観視していました。そのときの、僕から僕自身への評価はめちゃくちゃ低いんです。だから、もっと頑張らなきゃ、もっと頑張らなきゃと、常に満足しない自分がいる。

客観視している自分は、理想の自分です。他の人に勝って、自分は一番になって今ここにいるけれども、こんなところじゃ理想の自分からは足りない。目標を達成しても、次の目標ができているから、絶対追いつけない理想の自分が永遠に先をいっているのです。だから、満足しないでずっと進んでいけます。

ただ、この二つでもまだ足りません。いくら客観視する目線が厳しくても、それでも自分よがりになってしまうからです。だから、監督やコーチ、球団運営者の視点を入れて、自分に何をしてほしいと思っているのか、自分はどういう貢献ができているのか、期待に応えるにはどうすればいいのかを想像するのです。

どれか一つでも欠けてしまうと、成長していけません。

僕は「今日のオレは限界までやったでしょ」「でも、もっと打てるようにならなきゃダメや」「監督からすれば、こういう動きもしてほしかったかな」などと三つの視点をバランスよく保てていたから、自分を伸ばしていけたんだと思っています。

なかでも大事なポイントは、二つ目の「客観視する視線」をいかに厳しくできるかです。

キャッチャーは扇《おうぎ》の要《かなめ》です。

守備のみんなが僕の動きを見ているし、ファンも僕を見ているので、野球の中心に僕がいると思っていました。だから、僕は1回もミスしちゃいけないと自分に言い聞かせていたんです。小さいミスでも許されないと思っていました。

ピッチャーに「低めに投げろ！」って言いながら、自分がワンバウンドのボールを捕れなかったら、もうギャグです。

「お前が低く投げろって言うから投げたのに、捕られへんのやったら、投げられねえよ」と、説得力が一気に欠けてしまう。だから、グラウンドに出たらミスは絶対にできない、必死にやらなきゃ、と、常に厳しく客観視し続けました。

ただし、見られていると思うだけで、評価されているとまで考えてはいけません。

誰しも周りの評価は気になります。僕も気にならないって言ったらウソになるんですが、そこまで気にしませんでした。周りの人の評価より、自分からの評価のほうがよっぽど厳しいので、そのほうが重要やって考えていたからです。

二つ目の客観的な視点を厳しく保っておけば、一人よがりにもならないし、欠点の克服にも近づくでしょう。

8

あなたは、誰かの仕事のマネをしたことがありますか？

一流の人は、何よりも「受信力」を磨いている

一流の人ほど、モノマネがうまかったり、人から吸収しようという柔軟性があります。

昔のイチローさんは体が硬くても、「柔軟性なんてなくたって、野球はできる」と考えていたと聞きました。そのころは、ウェイトトレーニングで筋肉を大きくしていたのです。ところが、毎年春先には体が動きにくくなり、シーズンに入ってだんだん痩《や》せていくと逆にスイングスピードが上がることを6、7年繰り返したといいます。

長く野球を続けるためには筋肉を大きくすることより、体の柔軟性が必要だと知り、ストレッチを入念にするようになったのです。それからはウェイトトレーニングで筋肉

を増やすのをやめました。

ダメな人は、効果が出なくても、今まで通りの筋トレを続けてしまう。やっぱり、ダメな人ほどこだわりが強くて、筋肉だけではなく、頭の柔軟性もないのです。自分らしさがなくなると思っているのかもしれません。

イチローさんの場合は、突き詰めたうえでのこだわりなので、それは結局オリジナリティになっています。いろんなことを吸収して吸収して、改善して、そこにたどり着いているんです。これからも変化していくでしょう。

その裏では、いろんなことにトライして、自分に合ったことを年齢に応じてやって来てるんじゃないかなと思います。自宅にトレーニングマシーンを揃えているのも有名な話です。スパイクも、毎年靴底の歯の数や配置を変え、今は長年愛用したアシックスのものから、フィットネスコーチの小山裕史さんが開発した、新興メーカーのビモロ製のものに替えています。**ストイックに最上のものを追求するために、イチローさんの受信力は研ぎ澄まされているのです。**

やっぱり最前線に立ち続けるには、時代に取り残されないように、敏感にならないといけない。もちろん、新しいものがすべていいわけじゃないし、古いもののなかにも守っていかなきゃいけないものもある。**新しいものと古いものを融合させていくことが、一番いいと思うんです。**

そのために必要なのが「受信力」です。

最初から、「俺には関係ない」と決めつけるのは損。なんでも1回はやってみて、自分に合わなければやめればいいだけです。僕は、若手にもずっとそう言っていました。

僕自身、試しにやってみたら、「おっ、これは何気《なにげ》によかったな」と感じることもたまにありました。大部分は必要ないけれども、一部分はいいなという方法もありました。

そういう気づきを得るためにも、どんどん受信して試してみるしかないのです。

僕が現役のころ、他球団に谷繁元信《たにしげもとのぶ》さんというすぐれたキャッチャーがいました。僕は谷繁さんの長所だけを見るようにして、いいところは盗むようにしていました。

テレビ番組で谷繁さんが下半身の使い方を説明していたのを見たときも、僕はさっそくやってみたのです。そうしたらキャッチング（捕球）からスローイング（送球）への時間が、確かに短くなりました。

そうやって、人のモノマネをしながら、自己流にしていくのが一流の人たち。よさそうなことは全部マネしてみて、相手がなぜその方法をやっているのかを勉強するのです。そこで気づきを得たら、自分の引き出しがひとつ増える。今までABCしかなかったのが、Dという新しい方法が増えて四つになれば、自分の幅も広がります。

人を否定するより、受信したほうが、自分の成長につながっていくのです。

実は、僕は入団してしばらく二軍にいたころ、一軍の試合を見ながら「負けろ、負けろ」と思っていました。レギュラー陣の調子が悪ければ、自分にチャンスが巡ってくるからです。一軍でレギュラーを獲得して自分の地位や居場所ができるまでは、チームの勝利を考える余裕はありませんでした。

それはつまり、人を受け入れる余裕もなかったということ。余裕ができてから、どんどんモノマネをして、新しい方法を受信するようになりました。

古い方法でうまくいっているからといって、それしかしていないと、いつか限界が来ます。自分で限界をつくらないためには、新しい方法を受け入れる力が必要です。

9

メンタルトレーニングは、いらない

「成功をイメージすれば実現する」なら、誰も苦労しない。もっと確実に結果につながる方法

簡単に結果が出せる方法を知りたい。

誰もがそう思うでしょう。僕だって、そんな方法があるなら現役時代に試していました。

けれども、世の中にはそんな楽な道はありません。

僕もレギュラーになってから壁が立ちはだかりました。どんなに技術練習をしてもそれ以上伸びなくなってしまったのです。

シーズンが終わって、秋のキャンプから次のシーズンまでのオフに、僕は思い切った

賭《か》けに出ました。**技術練習をやめて、体力トレーニングだけに集中したんです。**もっとも、チーム練習では技術練習も入ってきますが、個人練習では一切ゼロにしました。

普通だったら、投球練習やバッティングなどの技術練習をするほうが能力は高まると考えるもの。それをやめてしまうのは、怖い部分もありました。

でも僕は、基本中の基本のウェイトトレーニングに賭けることにしました。頭でどうすればいいのか分かっていても、体が反応しない瞬間があると感じていたからです。みんなが技術練習をしているのを見て、焦《あせ》る気持ちもありました。それでも、筋力がつけば技術は後からついてくると信じてトレーニングを続けたのです。

結果的には、その選択は大当たりでした。

筋力がつくにつれ、自分の思い通りのプレーをできるようになっていったのです。筋肉を強化するのは、日々目に見える成果が表れないので、本当にこれでいいのかと不安になるときもありました。それでも遠回りしたほうが、思っていた以上の結果を出せるようになったのです。

スポーツの世界ではメンタルトレーニングが重視されることがしばしばです。でも、**僕に言わせれば、そんなものは屁《へ》の役にも立ちません。メンタルだけを鍛えても、思ったように体を動かす体力と技術がなければ、意味がないからです。**

よく、「心・技・体」と言われますが、これも順序が違います。

重要度は「体・技・心」の順でしょう。

実際、日本語で「心・技・体」と縦書きにしてみれば、「体」がすべてを支える土台になり、その上に「技」が来て、最後に「心」が乗っかっているだけであることが分かります。

僕がしょっちゅうそう言っていたのを、ロッテの後輩・角中勝也《かくなかかつや》が「その通りだな」と思ってくれていたようで、ある試合のヒーローインタビューで話してくれていました。角中は首位打者を獲得するほどの選手になってくれました。体力をつけて、技術を磨いていれば、自分を信用できるようになります。

すなわち、**メンタルは勝手についてくるんです。**

もっとも、ビジネスマンの皆さんがプロ野球選手のように、体をバリバリ鍛える必要はないかもしれません。ビジネスマンにとっての「技」が専門的な技能や話術だとすれば、「体」にあたるものって、**仕事の基本動作**ではないでしょうか。

もし、仕事で伸び悩んでいるのなら、まず基本からやり直してみてください。挨拶の仕方とか、電話のかけ方やメールの書き方など、ビジネスではスポーツの世界以上にたくさんの基本があると思います。製造業なら、現場をきれいに掃除するとか、機械を磨くとか、やはり基本はあるでしょう。それに、どんな人でも生活を見直し、体調を整えることは基本中の基本です。

そういう基本を丁寧《ていねい》にやっていると、そのうち止まっていた成長の針が、再び動きはじめるんじゃないでしょうか。そこから先の成長は、驚くほど早いはずです。

「心」を頂点にした一般的な「心・技・体」のイメージ

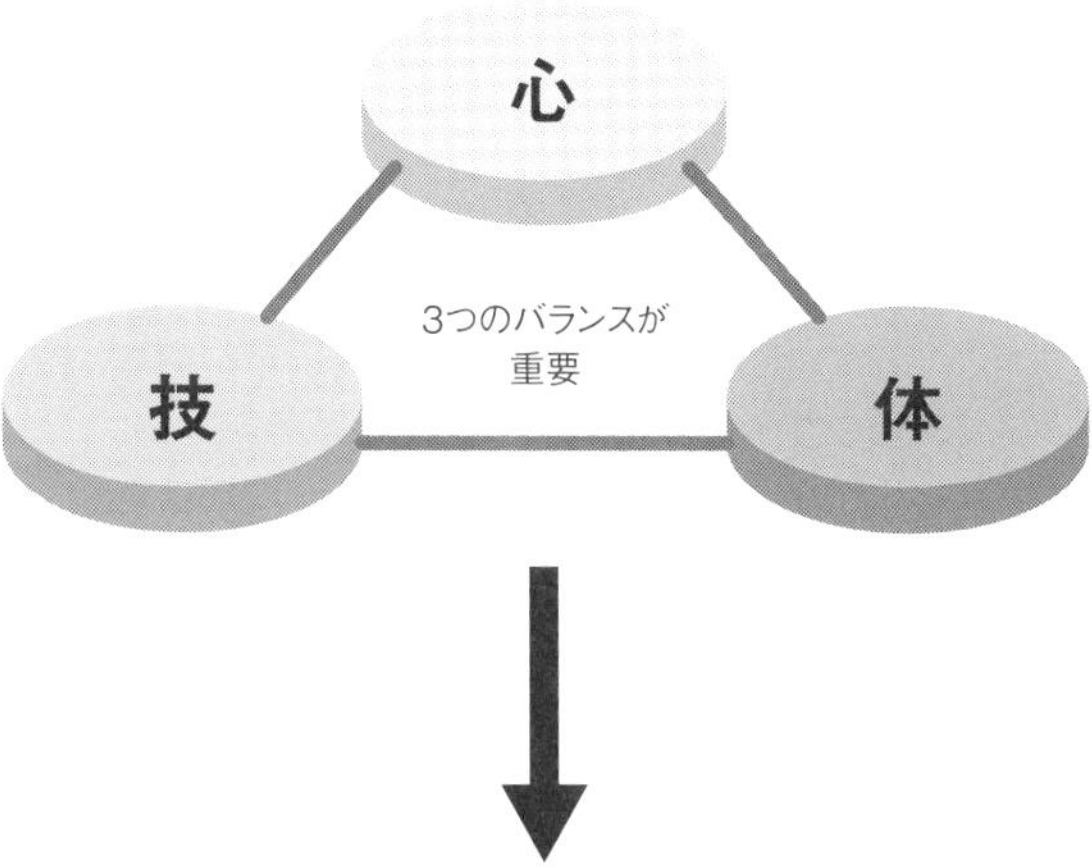

里崎式の「体・技・心」のイメージ

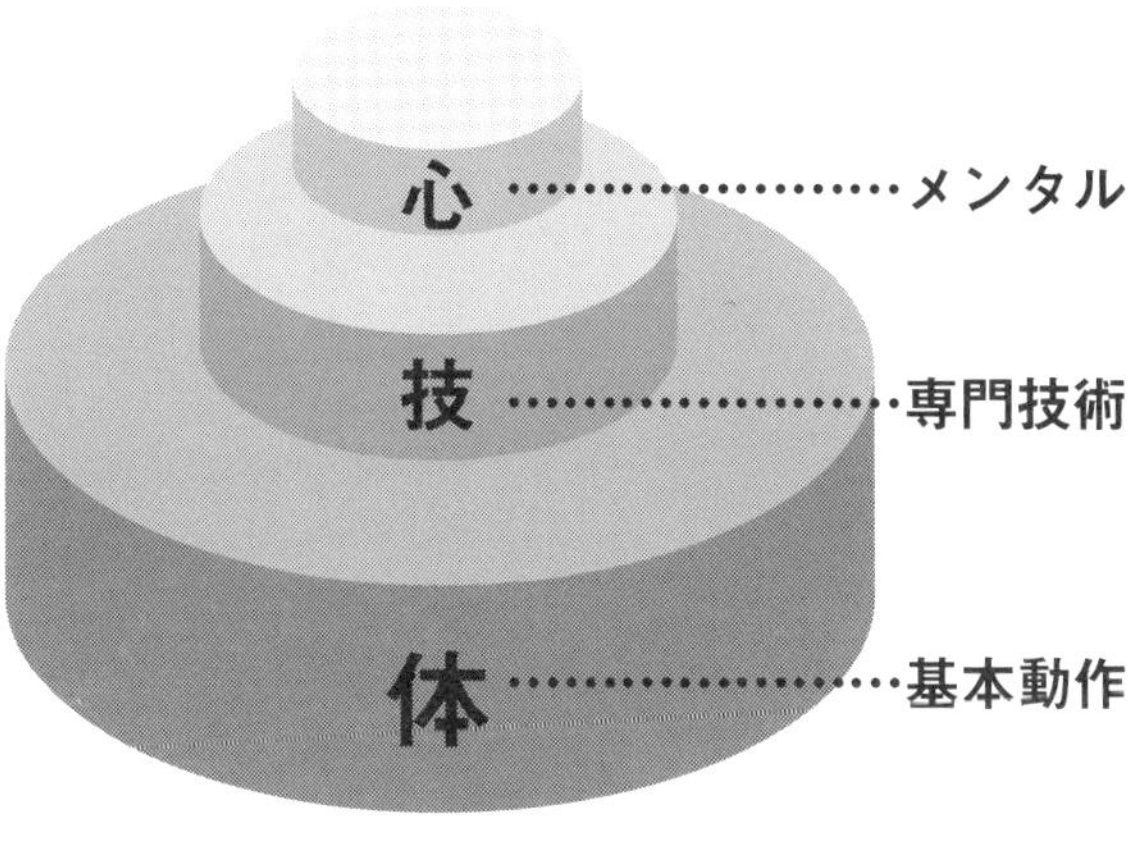

「体」が「技」も「心」も支えるすべての土台となる

10

二軍の選手より、一軍のレギュラーのほうが練習している。一流になるための上昇思考

できる人を見たら「物理的」に近づけ

僕はプロ入り5年目で一軍に定着しましたが、その後もケガをしている期間は二軍暮らしになりました。プロの世界では、結果を出せなければ即二軍行きです。そんな厳しい世界で結果を出し続けなければならないのです。

一軍でレギュラーになってから二軍に行ったとき、一軍と二軍の大きな差に気づきました。二軍の選手は、もちろんみんな一軍に行きたいという目標を持っている。けれども、練習の仕方が全然足りていませんでした。**二軍の選手より、一軍の補欠のほうが練習しているし、一番練習しているのは一軍のレギュラーなのです。**

一軍のレギュラーになってポジションを獲得したら、安心して気が緩んでしまいそうです。けれども、そこで練習の手を抜いたら終わり。あっという間に補欠に落ちてしまいます。一軍のレギュラー陣はみなそれが分かっているので、二軍にいたときよりも、一軍の補欠にいたときよりも、さらに練習をするようになるのです。

それに、頑張れば頑張るほど年俸が上がるというおいしい一面も知っています。それを手放したくないので、必死で練習するのです。

そんな環境から久しぶりに二軍に行くと、「なんかダラダラと練習してんなあ」と感じました。本人たちは精一杯やっているつもりでも、僕から見ると効率が悪くて、「そんなんじゃ、一生一軍には行けないよ?」と思っていました。

二軍の選手たちは、今自分にどういうトレーニングが必要なのか、まったく分かっていないのです。コーチから言われた練習メニューをただこなすだけ。もちろん、個々の能力を伸ばし切れないコーチ側にも問題はありますが、本人たちが自分なりに工夫して能力を伸ばそうとしていないのです。

そして、二軍の選手ほど休みに練習しないで遊んでいたりする。二軍でも普通の新卒サラリーマン以上の年収をもらえるし、寮にも住めるので、その環境に慣れてしまうと「何が何でもレギュラーになりたい」という気持ちが薄れていくのです。一軍に行けないまま姿を消す選手は数え切れないほどいます。

昔は明け方まで飲んで二日酔いで試合に出ていた一軍選手もいたようですが、今はそういう一軍選手はほとんどいません。そんなことをして体調を崩したら、レギュラーから脱落すると分かっているからです。お酒を飲んで二日酔いで仕事をするなんて人は、一流の世界ではあり得ないでしょう。

そして、**一流は一流の世界を知るための努力を惜しみません。**

一軍でも一流の人たちは、さらなる高みを目指して、情報を交換しています。

大谷翔平選手がダルビッシュ有《ゆう》選手からトレーニングや体のつくり方を教わっているのは広く知られています。フィギュアスケートの羽生結弦《はにゅうゆづる》選手は、体操の内村航平《こうへい》選手に「本番とまったく同じように練習をしている」と聞き、自分も週に2回取り入れるようになったそうです。一流の選手は自分なりに工夫してあれこれ試してみて、それがよかったら、周りにも勧めるという一流のつきあい方があります。

つまり、一流は一流を呼ぶ。上の人たちだけで練習を共有したり、考え方を話し合ったりして、より高みを目指しているのです。周りの人はそれについていけません。

じゃあ、まだ実績のない人が、どうしたらそこに入れるのか。よく精神論的に「一流の人に近づけ」と言いますけど、**そんなことより実際に話を聞くのが第一です。**

僕は雲の上の存在のような人たちから、積極的に話を聞こうとしました。

たとえば、ロッテのエースだった小宮山悟《こみやまさとる》さん。

僕がちょうど1軍に定着した時期に、小宮山さんはニューヨークメッツからロッテに戻ってきました。僕はまだペーペーだったし、小宮山さんはメジャー帰りの天上人。話しかけづらいオーラが漂っていたので、なかなか声をかけられませんでした。でも、世界で挑戦した話を聞いてみたい——。

そう思っていたある日、僕は仲良くしてもらっていた福浦和也さんと小宮山さんがゴルフに行くという話を聞いたのです。僕もゴルフをやっていて、全然うまくもなんともなかったんですが、「一緒に行きたい！」と思いました。

そこで、福浦さんに「キャンプの前の日にコミさんとゴルフ行くんですよね」と聞くと、「行くよ」という答えでした。

「僕も行きたいんですけど、行っていいですか」

「行ってもいいけど、自分でコミさんに言ってこい」

福浦さんのそのひと言で、僕は小宮山さんのところに飛んで行きました。

「僕も行っていいですか」と言われて、「いやだ」と言う人は絶対的にいないでしょう。

小宮山さんは「ああ、いいよ」と快くOKしてくれたのです。

ゴルフコースを回るときは半日ぐらい一緒にいられるので、その間にたくさんおしゃべりをしました。キャンプ中もゴルフの話をして、一気に打ち解けていったのです。それからは休日に声をかけてもらい、一緒に遊びに行くこともありました。

大事なのは、それからです。打ち解けて物理的に距離が近くなると、「あのプレーはもっとこうしたほうがいいよ」などと、**自分が気づかないことまでちょくちょく教えてもらえるようになった**のです。

一流の人の話は、最高の教科書。話せる機会をとにかく貪欲《どんよく》に狙ってください。

11

長年プロの世界にいて気づいた「一流になれない人の4か条」とは？

正しい努力の仕方は、人に聞かなきゃわからない

時間がかかっても自分で考えて答えを出す人。

すぐに「これ、どうすればいいんですか」と周りに答えを聞く人。

どちらが一番になれると思いますか。

意外かもしれませんが、周りにすぐに答えを聞く人です。

1から10まですべて人に聞いているのはさすがに考えなさすぎですが、ある程度考えても答えが分からないなら、さっさと周りに聞く。そのほうが時間をムダにしません。

10年以上前にベストセラーになった『話を聞かない男、地図が読めない女』（主婦の

友社）という本では、男は人に尋ねるのは自分の無能を認めることになるので嫌いだと紹介していました。その通りなんですが、嫌でもなんでも質問しないと、何をどうやって身につけるのっていう話です。時間がもったいない。

僕は、分からないことはもう、誰にでもすぐ聞きに行くんです。「これ、どういうことなんですか」ってシンプルに聞いてみると、瞬時に悩みが解決することが驚くほどたくさんありました。**悩む分の時間を練習に充《あ》てられるから、誰よりも練習できて上を目指せるのです。**

確かに、いつも自分の頭で考えて答えを出せるのなら、それに越したことはありません。でも、よほど才能のある人でないと時間がかかります。一人で試行錯誤しているうちに周りの人はできるようになっていたら、どうなりますか。その考えている時間は、ムダになるのです。

天才は才能があるから聞かずにできますが、凡才はすぐ人に聞かないと時間がかかるだけ。どんどん聞いて自分のものにしていく人が、一番になれるのです。つまり、効率的に成長していける人が上を目指せるということです。

僕の経験則から、一流になれない人、残念な人には四つのパターンがあります。

1 口だけは偉そうな人
2 めっちゃやる気はあるけど、何をやっていいかがいつまでも分からない人
3 めっちゃやる気はあるけど、努力の方法が間違ってる人
4 努力を途中でやめてしまう人

「え、こんなに単純なの？」と思ったかもしれませんが、**プロの世界で結果を出せなかった人は、必ずこのどれかに当てはまっていた気がします。**

まず1は論外に思えますが、意外と多いタイプで、自分の理論や方法に対するこだわりが強すぎたりします。そういう人に限って、練習の絶対量も少ないケースが目につきました。

次に2の、めちゃくちゃやる気もあって、頑張りたい意志もあるけど、何をやってい

いかが分からない人。このタイプは、「自分の色」を見極めることができていなかったり、課題が分かっていないのです。でも、気持ちだけで結果が出ることはないので、悩んでいるうちに結局やらなくなってしまいます。

4は理由がなんであれ努力をあきらめてしまったら、残念ながら、一流になる資格を自ら放棄したことに他なりません。

残った3は、がむしゃらに努力して頑張っているんだけど、やっていることが完全に間違ってるので結果に結びついていない人です。

このタイプの人は、やることを正せばいいわけですから、実は大いに見込みがあります。

間違ったやり方を正すには、人に聞くのが一番です。だからやっぱり、上達したかったら人に聞き、こだわりを捨てて試しましょう、というところに戻るのです。

シンプルですが、これを繰り返していけば、一流への道が開けていくはずです。

12

厳しいプロ球界で生き残った人たちは「未来」をどうとらえていたか

10年以上活躍した選手は、最初から10年後を考えていた

目の前にあることをこなす、が基本の僕であっても、人生には長期的なビジョンも必要だと思っています。

スポーツ選手は30代で引退する人が多いので、短期間しか活躍できないというイメージがあるかもしれません。

でも、そもそも30代まで続けられる人は、ほんのひと握りなのです。二軍のままで引退する人もいれば、表舞台で活躍してもケガに泣かされて姿を消す人もいる。超短期間しかこの世界にいられない人は大勢いるのです。

僕は、**10年以上続けられる人は、長期的なビジョンを持っている人が多いと感じています。**

一方で、短期的な成果しか考えていない人は、結局短期間しか活躍できません。もし本気で10年活躍することを望んでいるなら、自分の色を見つけて磨くしかないのです。それは簡単には見つからないかもしれないし、成功への最短コースではないように見えます。それでも、特別な才能がない人は、10年ぐらいかけて成功に近づいていくしかないでしょう。

そして、**目先のことしか考えられない人は10年経っても目先のことしか考えていません。**

僕は2014年からロッテのビックリマンチョコのPR大使になっています。ビックリマンチョコの宣伝をするのが役目ですが、実は無給です。イベントに参加したときに出演料をいただくぐらいで、名前を貸すことでお金をもらったりはしていません。基本は、ビックリマンチョコの現物支給。大好きなので、これは嬉しかったです。

無給で仕事を引き受けているなんて、「里崎は仕事の取り方が下手だ」と思うかもし

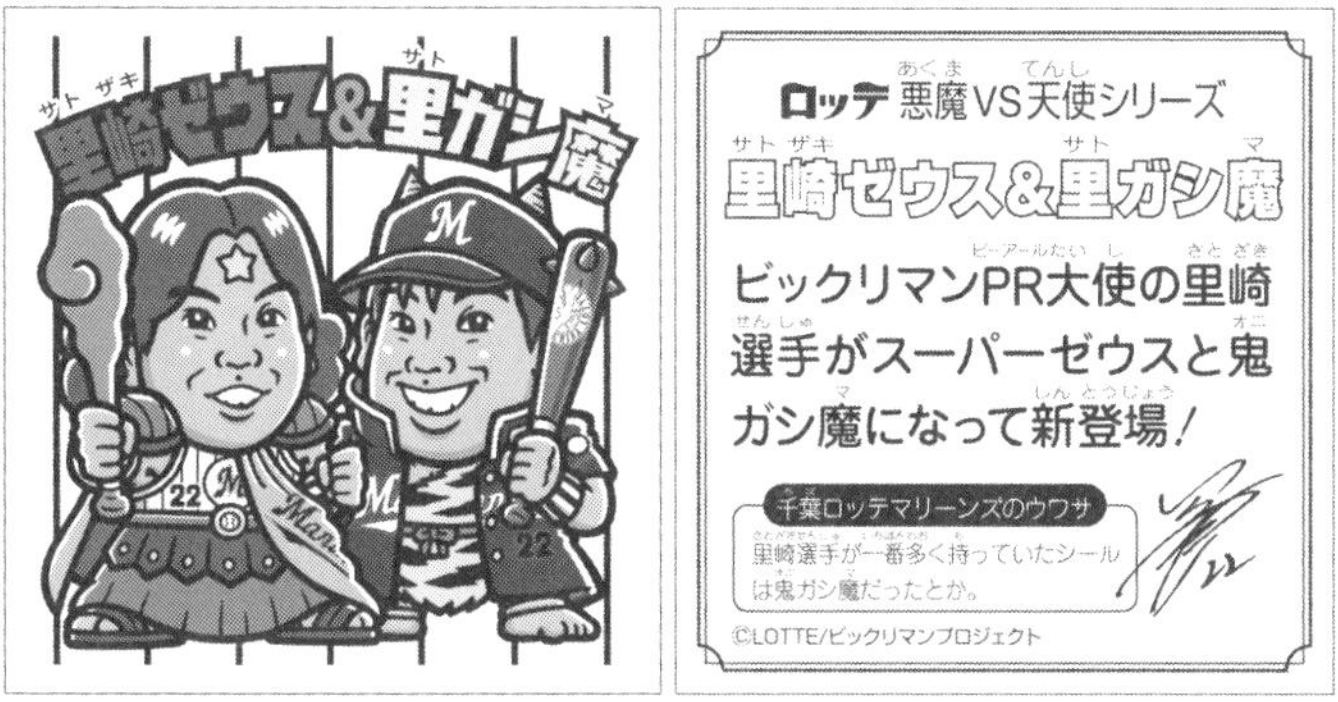

「里崎《サトザキ》ゼウス」と「里《サト》ガシ魔《マ》」の特別ビックリマンシール
（イラスト／GREEN HOUSE）

れませんが、キャラクターにしてもらって子供たちに覚えてもらえるので、十分メリットがあります。

今は利益にならなくても、ビックリマン大使の仕事が、いつどんな形で他の仕事に結びつくのか分からないし、名前を売るという種まきはできます。今10歳の子供が10年経てば20歳。もし僕が政治家にでもなったら清き一票をもらえるかもしれません（笑）。

毎日、仕事や生活、遊びで忙しい。そのうえ、やらなくてはならないことは年々増えていく。そうなると、目の前のことをこなすだけで精一杯になりやすいものです。

世の中のスピードもどんどん速くなるので、周りに流されないためには、10年先のことを考えておかなくてはなりません。

自分にはそれほど才能はないし、突然幸運が転がり込んでくることもない。それに気づいたとき、長い視野を持って、自分の長期的な計画を立てられるんじゃないかと思います。

13
嫌なことは「イヤイヤ一生懸命」続ければいい

短所は長所には変わらないし、その必要もない。うまく付き合う思考法

僕は子供のころ、喘息《ぜんそく》持ちだということもあって、短距離は速かったのですが長距離走は嫌いでした。すぐ呼吸がしんどくなってしまうので、小学校のときは駅伝でもAチームになることはなく、Bチームでした。

長距離はプロになってからも嫌いでした。冬場は技術的なトレーニングはほとんどしなくて、スタミナ強化のために長い距離や短い距離を走ることが多く、ある程度は速くなりましたが、やっぱり限界がありました。

「100メートルを20本走って何の意味があるんや。野球の技術が向上するのかよ」と

言っていたこともありますが、それは嫌いだから文句を言っていただけです。

よく、「因数分解なんて大人になってからやる機会はないんだから、勉強する意味ないよ」と言う大人もいます。僕も言ったことがあるのですが、自分が嫌いでやりたくないからそう言うだけです。

嫌なことや苦手なことは、誰でもなるべくやりたくないですし、ついダラダラやってしまいがちです。

僕は、嫌なことはイヤイヤ一生懸命していました。

口では「何の意味があるんや」と言いつつも、さっさと走って終わらせていました。

イヤイヤ、ダラダラやっていると、その分時間がかかりますし、気分も落ち込んでしまうので、その後の練習が続きません。**嫌な時間を早く終わらせるために、僕は効率よくやって、余った時間で自分の好きなトレーニングをしていました。**

すると、イヤイヤでも、一生懸命継続してやっていくと、反復したことは身につきます。すると、「ん？　これ意味あるなあ」とそこで気づくのです。

好きになる必要もないし、ブーブー不満を言いながらでオッケーだから、とにかくや

り続けるのが大切です。

好きなことはちょっとぐらいやらなくても、ずっと得意なままです。

でも、嫌いなことは、ずっと継続的にやっていかないと、ちょっとでも怠《なま》けたらすぐできなくなります。それが分かっていたので、プロに入ってからは、イヤイヤながらも一生懸命ずっとやっていました。

いくら得意分野を伸ばすと言っても、得意分野のなかでの嫌なことや苦手なことはしなくてはなりません。

苦手なことが自分の足を引っ張らないようにするぐらいまでに押し上げておかないと、足を引っ張り出したら、自分のトータルの能力がマイナスになってしまいます。

自分の不得意なところをトップクラスまで押し上げられる人もいますが、それは才能がある人の話。そこまではなかなかできませんが、**平均点まで押し上げておくと、自分の能力を引っ張らなくなります。**

嫌いなことをやり続けるのは労力がいりますし、すぐに怠けたくなります。でも、そこをガマンしてやらないと、本当に落ちてしまうんです。

スポーツ選手だったら、年齢が高くなるにつれて能力値は落ちていきます。そのときも、得意なところは緩やかに落ちていきますし、他のことでカバーできるんですが、苦手なところは一気に落ちるし、カバーできません。

嫌いなことでも、継続していれば落ちるのを緩やかにできます。そこまでの貯金がないと、落ちるのは早いし、落ちたら上げられない。だから、嫌なことほど、イヤイヤでも一生懸命やり続けて貯金しておくしかないと、僕は腹をくくっていました。

たぶん、それは誰にでも、何にでも言えることです。

14
夢は越えられる

日本一になれるとも思わなかった僕が、世界一にまでなれました。
思いがけない結果を呼び込める「どでかい思考」

僕は、ビートたけしさんの「努力ってのは宝くじを買うようなものだよ。買っても当たるかどうかは分からないけど、買わなきゃ当たらない」という言葉が好きです。

僕自身、一番になりたいとは思っていたけれど、自分がロッテに入って日本一になれるなんて思っていませんでした。そのうえ、ＷＢＣでは世界一です。

だから僕は、引退するときに「夢は越えられる」と語りました。

大きい夢を最初から持って突き進むのか、大きい夢を持ちながら小さい目標をちょっとずつクリアして、夢に向かっていくのか。それは人それぞれでしょう。

僕の場合は日々目の前のことを真剣にやっていたら、小さい山をどんどん越えて、大きな山のてっぺんに立てた、という感じです。

夢をかなえられないという人は、夢へのアプローチを一切していないんじゃないでしょうか。

「宝くじで7億円当たったらなあ」「買ったの？」「いや、買ってないです」「じゃあ、当たらないよ」というような人です。

たとえば弁護士になりたいなら、思っているだけではなれません。努力して勉強している人は、夢がかなう可能性が出てきます。

自分には才能がないと悩む人も同じです。

何もしないでいると、何の才能もないままなのは当たり前。自分で何かしらつくりあげていくしかないのです。才能はある意味、努力し続けた結果であり、結果が出たら才能があると言われるのです。

結局のところ、自分が成長するために、どれだけ真剣に向き合えるかだと思います。真剣に向き合っていないから、どんな才能も手に入らないし、どんな成果も生めない。

中途半端にやっていると何も得られないのだから、悩む前に行動するしかないのです。

僕は現役10周年目にディナーショーを開きました。しかもすべて自分でプロデュースしたのです。

当日は400、500人ぐらいのお客さんが来てくださって、歌手でもないのに歌を歌ったり、参加型のクイズコーナーをやったり、大変盛り上がりました。2時間の予定を1時間オーバーしたぐらいです。

ディナーショーを開いたのは、好きな歌手のライブを観に行ったときに、「**あっち側はどんな景色が見えるんやろ。ステージに立っている人たちは、どんな景色を見て、どんなに楽しいんやろ。あっち側の世界に立ってみたいな**」と思ったからです。

現役選手が単独でディナーショーを開いたことはなかったので、「誰もやったことがないなら、やってみよう」と実行しました。実際にやってみたら気持ちよかったし、ファンの人も喜んでくださったので、引退してからも開きました。

結果うまくいったので、ディナーショーの才能があったと言われるのかもしれませんが、実際にやってみるまで分からなかったのです。夢には自分でアプローチしないと、自分の可能性も見えてきません。

そうやって、いつも僕は妄想しています。

妄想するのは自由で、ストーリーは無限にできます。妄想のなかでは、僕が長澤まさみさんとつきあうのも可能です（笑）。こんなことを話したらおバカさんになるので、もちろん心の中でこっそり考えているだけですが、とにかく何かと空想していることが、いいアイデアの素《もと》になっているのかもしれません。

妄想や空想は一番お金がかからないでできるトレーニング法です。真剣に悩んで、アホみたいなことが思い浮かぶのなら、逆に天才級です。それはなかなか難しいので、僕はお風呂に入っていたり、突拍子もないときに、意外性のあるアイデアを思いついたりします。もちろん、そのアイデアに見込みがあるかは戦略的に検討しますが、「アリだな」と思ったら恥ずかしがらずに実践しています。

単に勉強ができる・できないという話ではなく、自分で頭を使わない人はダメ。でも考え続けていれば、思いもしなかったことができてしまうものなのです。

第2章

エリートに勝てるシンプルルール

RULE

ぶっちゃけ、出世するにはどうしたらいい？　組織でどう生きるかを決めるための思考

15 上司の「四つの評価」を知る

「頑張って働いているのに、上司から評価してもらえない」

「上司の言う通りに仕事しているのに、叱られてばかりいる」

そんな悩みを抱えているビジネスマンもいるのではないでしょうか。そしてその理由は、「上司に嫌われているからだ」と思っていませんか？

でも、僕はそう思いません。

現役だったとき、結果を出せない若手選手に限って、「サトさん、コーチがこんなこと言うんですけれど、どう思います？」と相談に来ました。

そういうときに僕が言った言葉、再現してみましょうか。

「仮に自分がコーチになったとして、自分が教えているのとは全然違う方法でしかやらなくて、全然結果出せない選手がいたら、どう思う？　それで、何か教えてあげたら、『いや、自分のやり方あるんで』って言うようなヤツ、イヤやろ。それなら勝手にやれよって思うだろ。それ、丸々お前。結果出していたら誰からも文句言われへんよ。結果出さないのに文句言うのは、１００万年早いんだよ」

もちろん相手はシュンとなっていました。

「俺は監督やコーチに好かれてないから、試合に出してもらえないんだ」とぼやいている選手には、「あのな、監督やコーチに嫌われて試合に出してもらえないのは、二流や。好かれて試合に出してもらえるのは、一・五流。嫌われても試合に使われるようになって、ようやく一流だぞ」と言っていました。

僕は、**監督やコーチが選手を評価するときは、次の四つの見方をしていると考えていました。**これは会社や組織でも同じだと思います。

1　教えた通りにやって、結果を出してくれる選手
2　教えた通りにやっているけど、結果が出ない選手
3　好き勝手やって、結果が出ない選手
4　好き勝手やって、結果を出す選手

監督やコーチにとって最高なのは1、最悪なのは4です。

1の選手が評価されるのは、当然です。自分が指導した通りに練習し、試合でヒットを連発して勝利に貢献してくれたら、どんどん起用しようと考えます。

2の選手は自分が教えた通りにやっているので、なかなか結果に結びつかなくても、監督は辛抱《しんぼう》強く使ってくれます。「俺に忠実にやっているんだから、もう少し使ってやろう」と思うわけです。

3の選手が指導者にとって最悪ではないのは、結果を出していないからです。自分たちの教えに従っていないのに結果を出されたら、面白くない。結果を出せないと、「ホラ、見たことか」と言いやすいし、クビにもしやすいわけです。

上司から見た部下への四つの評価

成績と評価（❶〜❹）は一致しない

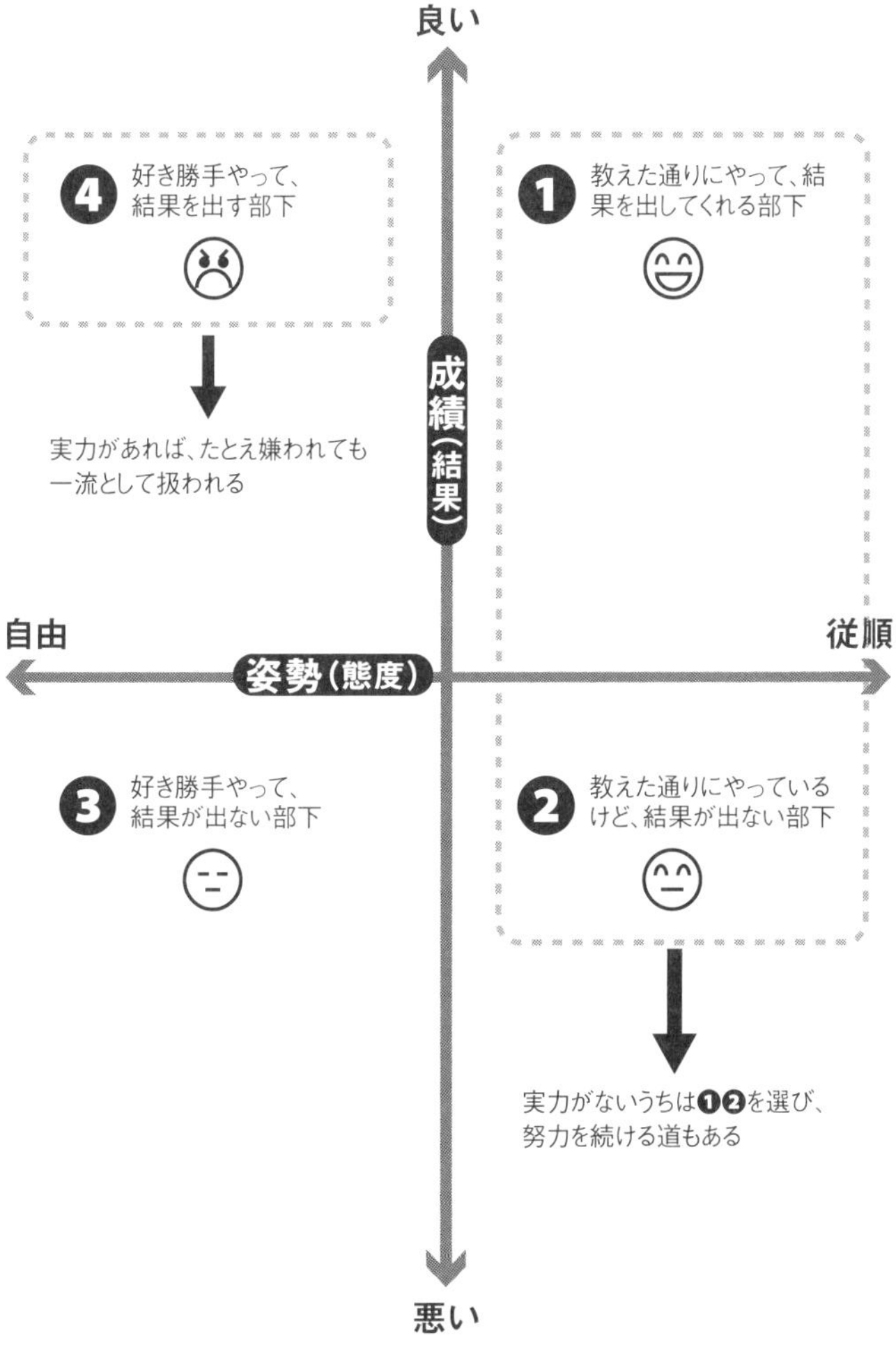

4を評価できる指導者は、日本では少数派でしょう。

野球界では、自分の考え方じゃないやり方で成功した人たちを、あいつは特別やとか、変人だとかいう言葉で済ませようとします。それは、その新しいやり方を受け入れられないから。自分たちの教えてない方法で結果を出されたら、自分たちが間違っているということになります。だから、風当たりが一番きつくなります。

僕は、もちろん1の教えられた通りにやって、結果を出す選手でした……というのは冗談ですが。

厳しい言い方をすれば、**好き嫌いの天秤《てんびん》にかけられる人は一・五流**なのです。能力が同じだったら、相手は好きな人間を選びます。これは嫌らしくもなんともなく、いたって当たり前の、正当性のある判断。選ばれなかった人が文句を言える話ではありません。

でも、天秤にかけられないぐらいに突拍子もない能力があれば、嫌いでも使わざるをえません。天秤の位置にいることは、自分の責任なのです。

野球の世界では、監督やコーチは早ければ1年で替わります。天秤にかけられるような人は、新しい監督が来たときに使ってもらえるとは限りません。そうなると二流になってしまうのです。

だから上司に好かれている、嫌われているとクヨクヨ悩むより、とにかく自分の実力を磨き、天秤にかけられないようになるしかありません。

まだその実力がないなら、ちょっとせこくても当面は上司の言うことに従い、1か2の道を選ぶのも悪くないでしょう。

でも、そうやって当座をしのぎながらも、「一芸必殺」を身につける努力は続けてください。

16

周りの選手と僕の違いを生んでくれたＰＤＣＡの力

結局、「計画、実行、反省」ですべてはうまくいく

ビジネスをやっていると、取引先を怒らせてしまうような大きな失敗をする場合もあるでしょう。人間ですから、誰にだってミスはつきもの。プロ野球の一流バッターだって、チャンスで凡退することはあります。

僕は現役時代、「計画、実行、反省」を合言葉に、失敗したときは反省し、それをどう修正するか考え、実行し、その結果どうだったのかをチェックしていました。改善した結果がうまくいかなかったら、また反省して、修正するの繰り返しです。

そんなこと、普通だと思いますか？

でも、「今日は調子が悪かった」「自分のプレーができなかった」で終わらせてしまう選手もいました。それだと単に振り返っているだけなので、何も変わりません。

引退してから、自分がやっていたことはPDCAサイクルだったのだと知りました。

PDCAサイクルは、皆さんもご存じだと思いますが、念のためにご紹介します。

1 Plan《プラン》（結果を出すための行動を計画する）
2 Do《ドゥ》（計画を実行する）
3 Check《チェック》（結果を評価する）
4 Action《アクション》（狙い通りの結果が出なかった部分を改善する）

4まで行ったら、また1に戻る。僕の場合、評価・改善をまとめて反省、と呼んでいたわけです。計画→実行→反省（評価と改善）を繰り返していくことで、失敗を修正して、成果を上げていました。

野球は失敗のスポーツなので、それをどう活かすかが重要なのです。僕は野球が好きでやっているのに、1回の失敗で気持ちが窮屈になってしまうのは嫌だったので、このサイクルを自然と繰り返していました。

ただ、このサイクルを繰り返しても一流になる人と、一流になれない人がいます。

では、一流になれるかなれないかの分かれ目はどこにあるか？

それは、CとAをどれだけ徹底してできるかです。

失敗や成功を人のせいや運のせいにしないで、すべてのことは自分に原因があると考える。たとえ天気や体調が悪くて失敗しても、その対処を準備しておかなかった自分が悪いのです。

たとえばゴルフでは、ボールが風にあおられて池ポチャすることもあります。そういう場面でも、「運が悪かった」で済ませるのではなく、風の強さや吹いている方向を計算に入れて打たなかったことを反省し、どうすればいいのかを考えるのがプロです。

PDCAをやっていても一流になれない人は、ちゃんとサイクルを繰り返しているようで、実は反省（評価と改善）を抜かしています。反省をしないまま、計画を修正して実行するから、また同じ失敗をしてしまうんです。

野球でいうなら、やたらとバッティングのフォームやバットの握り方を変えるけど、結局いつも同じパターンで追い込まれて、三振するバッターです。

やってみて効果がなければ、ＰとＤが間違っていたと分かります。それだけでも大きな収穫。どう改善すればいいのかＣとＡをして、またＰとＤに戻る。その繰り返しをずっと続けていれば、一流の人に近づいていけます。

失敗しても、ＰＤＣＡをエンドレスで繰り返す。そうすれば大きな失敗は大きな成功を呼ぶことになります。大きな失敗も、成功を導くための大きな糧とする。やり続けて、最後に勝てばいいのです。

そして、大きなミスをしたら、まずは謝るしかないでしょう。それでも降格されたり、減給されたり、左遷《させん》されたとしたら、それはもう仕方のない話です。チャレンジし続ける人は絶対大なり小なり失敗しています。やってしまったミスは取り消せませんし、これればっかりはどうしようもありません。

仕事の失敗なんて、法律違反じゃない限り逮捕されることはありません。しょせん会社が責任を取るだけなんだから、失敗したところで自分がどうにかなるわけではない。
そう腹をくくって、失敗からどうにかしてはい上がり、また次のチャレンジをすれば、
きっと最後には勝てます。

郵便はがき

52円切手を
お貼り
ください

1 0 1 - 0 0 0 3

東京都千代田区一ツ橋2-4-3
光文恒産ビル2F

(株)飛鳥新社　出版部第二編集

『エリートの倒し方』
読者カード係行

フリガナ ご氏名	性別　男・女 年齢　　　歳
フリガナ ご住所〒 TEL　　　(　　　　)	
ご職業 1.会社員　2.公務員　3.学生　4.自営業　5.教員　6.自由業 7.主婦　8.その他(　　　　　　　　　　　)	
お買い上げのショップ名　　　　所在地	

★ご記入いただいた個人情報は、弊社出版物の資料目的以外で使用することはありません。

このたびは飛鳥新社の本をご購入いただきありがとうございます。

今後の出版物の参考にさせていただきますので、以下の質問にお答えください。ご協力よろしくお願いいたします。

■この本を最初に何でお知りになりましたか
1.新聞広告（　　　　　　　　新聞）　2.雑誌広告（誌名　　　　　　　　　　　　　）
3.新聞・雑誌の紹介記事を読んで（紙・誌名　　　　　　　　　　　　　　　　　　　）
4.TV・ラジオで　5.書店で実物を見て　6.知人にすすめられて
7.その他（　　　　　　　　　　　　　　　　　　　　　　　　　　　　　　　　　　）

■この本をお買い求めになった動機は何ですか
1.テーマに興味があったので　2.タイトルに惹かれて
3.装丁・帯に惹かれて　4.著者に惹かれて
5.広告・書評に惹かれて　6.その他（　　　　　　　　　　　　　　　　　　　　　　）

■本書へのご意見・ご感想をお聞かせください

■いまあなたが興味を持たれているテーマや人物をお教えください

※あなたのご意見・ご感想を新聞・雑誌広告や小社ホームページ上で
1.掲載してもよい　2.掲載しては困る　3.匿名ならよい

17 下積みのプロになる

「基本中の基本」を積み重ねていたら、すごい記録をつくってしまった。
誰もが通らなきゃいけない道の正しい通り方

もし僕がどこかの会社に入ったとします。

当然、僕はその会社では新入社員です。何も実務能力がなく、才能もない状態です。そんな新入社員が任される仕事といえば、お茶くみやコピー取り、電話の応対などでしょう。そういった小さな仕事を任されたとき、僕ならどうするか。

答えは一つ。「その道のプロになる」、です。

お茶くみなら、とびきりおいしいお茶を入れるための研究をまず始めます。

お茶の種類によって適しているお茶の温度を調べて、温度計で測るぐらいのことはするかもしれません。会社のお茶ではおいしくないと思ったら、自分で茶葉を買い込んで試飲します。

もちろん、社内全員の好みも覚えて、相手の好みによって温度や濃さを変えるのは基本です。お得意様の好みも覚えて、2回目からは「田中様はブラックでしたね」とサッと出します。

「里崎が入れるお茶は歴代の社員の中でピカイチだ」と言われるぐらい、おいしいお茶を入れることに命を懸けます。

お茶だけではなく、コーヒーや紅茶の研究もしなくてはなりません。お茶くみを極めるためにやるべきことは山ほどあります。そこから茶道に興味を持って本格的に習い始めるかもしれません。そうなれば教養も広がるし、将来必ず役に立ちます。

コピー取りもそうです。

上司に言われた枚数をコピーして、一部ずつ資料を作るのなんて当たり前。ページ漏《も》れやコピーを仕損じているページがないか一枚ずつチェックして、資料によってホチキスで止めたらいいのか、クリップで止めたらいいのか、クリップならどのクリップがいいのか……までを徹底して研究します。

お茶くみにしろ、コピー取りにしろ、「基本」を極めておくのは、理屈なしに必要です。

僕は、野球ファンの方からは「意外」と言われる記録を持っています。1000試合以上に出場したキャッチャーのなかで、パスボールがいちばん少ないのです。

パスボールというのは、ピッチャーが投げたボールをキャッチャーが捕り損ねて、後ろにそらせてしまうこと。いわば、絶対にやってはいけない、あり得ないミスなんです。

これはルーキー時代のあるきっかけにより、徹底して練習しました。先発出場した二軍の試合で2回表に代打を出され、ベンチに下げられたことがありました。1回裏の守備で、僕がホームベース付近でワンバウンドしたピッチャーの投球を止められなかったことが理由です。

ピッチャーが低めを狙うとキャッチャーに届く前に地面に当たってしまうことがあるのですが、キャッチャーはそれでもボールを後ろにそらしてはいけません。

でも、そのころの僕はワンバウンドのボールを止める方法を理解していませんでした。

学生時代から、止められるか止められないかは運任せ。だから、その日は1回裏に2回もワンバウンドのボールをそらしてしまったのです。自ら招いたこととはいえ、一度も打席にも立てずに交代させられるのは、人生で初。悔しいというより、ショックで呆然としました。

そこで、当時の二軍バッテリーコーチだった山中潔《きよし》さんに教わり、どうやってミットや身体を使えばワンバウンドのボールを止められるのか、徹底的に考えました。

山中さんからは、「『どんな球も絶対に止める』という気持ちで、ピッチャーの生きた球をたくさん受けろ」と言われていたので、ピッチャーが投球練習をするときは積極的に相手を申し出て、ひたすらボールを受けました。試合前でも、時間があれば投球練習の球を受け、技術を磨いていったのです。

ルーキー時代のこの徹底したＰＤＣＡがのちに大きな財産になってくれました。

もっとも、練習して修正したキャッチングの仕方を外から見ても、誰も違いに気づいていなかったと思います。

お茶くみやコピーを鬼のように極めても、細かいところの気遣いに気づく人は正直、ほとんどいないでしょう。会議に完璧に整えたコピーや、こだわって入れたお茶を出しても、大半の人は気に留めないし、違いになんか気づかないと思います。

でも、それでいいんです。

誰も気づかないところまで完璧にできることによって、みんなが気づくようなところをもっと完璧にできるようになる。見えないところの完璧さが、目に見える完璧さをつくっていくんです。完璧にする努力によって、自分のミスを少なくする生き方をできるのです。

18

イチローさんと話せるかもしれない機会があったら、あなたはどうする？

上にいる人はわざわざ降りてきてはくれない。でも、訪ねようとすれば拒まない

僕も嫁も初対面の相手でもめっちゃ話すので、正直「人見知り」というものがどういう感じなのか、よく分かりません。

人見知りだという人には、「相手と仲良くしたくないの？」「相手のことを知りたくないし、自分のことも知ってもらいたくないの？」と聞いてみたくなります。

僕が現役を引退して最初にしたのは、周りの人に僕を知ってもらうということです。

野球界や野球好きの人たちには僕がどういう実績があるのかは分かりますが、それ以外の人は僕が何も発言しないと、僕がどんな理論や哲学を持っているのか分からないわけ

です。

だから、取材でも関係ない話を3割はします。**関係ない話をしておくと、今度違う企画で「そういえば、里崎があんな話をしていたから、聞いてみよう」となるかもしれません。**ムダな話が重要なんです。

自分のことを、「わたし、人見知りだから」と言っている人は意外と多い気がします。それが許されると思っているのは、実は本人だけ。匠《たくみ》の技を持つ職人なら一人で黙々と仕事をしていても許されるでしょうけど、チームでやる仕事で「人見知りなんです」と言われたら、僕なら「え、だから？」と聞き返します。

僕は、ミーティングのときに若手で話すのが苦手そうな人がいたら、ガンガン話を振っていました。周りに「あいつは人見知りだから仕方がない」と言われても、「いや、仕方なくないだろ。甘えてんじゃねえよ」と思います。

人前で主張しなくても、頑張っていればいつか誰かが認めてくれる。確かにそういうこともあるかもしれません。

でも実際は、周りの人はそれほどあなたのことを気にかけてくれていないものです。

だったら、自分から気にかけてもらえるようにする。**自分から声を出して、周りの人に気にかけてもらわなければ、一番になれないのです。**

人見知りというのは、自分から「見知ろう」としていないから起きるんです。人見知りの人は何回会ってもずっとそのままなので、「もう見知らぬ仲じゃないじゃん」と僕は思います。結局、相手のことを知る作業もしないで、自分のことだけ知ってほしいと思っているんじゃないでしょうか。相手のことを知ったら、普通に自分のことを知ってもらえます。

ただ、雲の上のような存在の人の場合は、「自分が話すなんて恐れ多い」と尻込みしがちです。**憧れの人と打ち解けるには、自分から親しくなろうとするのを失礼だと思わないこと。**相手を必要以上に偉い人だと思わず、対等の立場だと考えるのです。

僕は、仲良くなりたい人とは趣味やプライベートを共有するようにしました。職場では仕事仲間として仲良くなるだけなので、遊びを共有しないと、仲良くなれません。

2006年のWBCのとき、イチローさんと初めて一緒にプレーできることになりました。イチローさんが日本にいたころは僕はまだ二軍暮らしだったので、何の接点もなかったのです。さすがの僕も、すでに伝説になっている人には、簡単には近寄りがたいなと思いました。

とはいえ、同じチームで野球ができるのは短い間だけ。ここでお話しできなければ、もう二度と親しく野球の話が聞けるチャンスなんて来ないかもしれません。イチローさんの野球観を知ることは絶対に自分の将来に役に立つと分かっていたから、何とかしてつながりを持ちたいと考えていました。

そんなときに、ロッテで親しくしてもらっていた先輩の福浦さんが、イチローさんと食事に行くという話を耳にしました。これは、絶好のチャンスです。

そこで福浦さんに、「イチローさんと食事に行くんですよね。僕も行っていいですか?」と聞いてみました。すると福浦さんからは、「いいけど、自分でイチローさんに言ってこいよ」というお返事。小宮山さんのときと同じパターンです（笑）。そこで、今度はイチローさんのところに行って、「僕も行きたいんですけれど、いいですか」とお願いしてみました。

するとイチローさんはあっさり、「いいよ」とオッケーしてくださいました。

この日の食事のおかげで電話番号も教えてもらえましたし、WBCの間、野球に関してとても参考になるお話を聞けました。

図々しいかもしれませんが、自分から登って行かないと、上の人は下りて来てくれません。下りてきてくれるのをただ待っていても、上の人が下りてくるのは損得勘定が動いたときだけ。自分から上がって行かないと永遠にお近づきになれないのです。

上でも
壁かけ
でも!

いつからでも、いつまででも、愛らしい乙女とステキな先輩が楽しめます。表紙は映画ポスター用に描き下ろされた人気イラストレーター中村佑介さんのイラスト!

映画「夜は短し歩けよ乙女」日めくり

れは歩くように、1日1ページずつめくる本。だからいつも思います。「夜は短し歩けよ乙女」と。——イラストレーター中村佑介

978-4-86410-549-1　1000円
A5判変型・17枚(表裏)・日めくり

美大生図鑑

あなたの周りにもいる摩訶不思議な人たち

絵・文
ヨシムラヒロム

美大生って本当にスゴいの!?

付き合いづらいけど、根は純粋？美大生の切なさや思いをリアルに描く。

- 絵が描けなくても大丈夫!?
- 美大女子はなぜ脱ぐのか？
- 「いいね！」が生きがい　……etc.

3-4-86410-543-9　1111円
6判変型・並製・112ページ

在日の涙　間違いだらけの日韓関係　辺 真一

スッキリ！」「サンデーモーニング」などのメンテーターとして活躍する著者、初の半生記。

ぜ、両国関係のこれほどの悪化を止められなかったのか。韓国人のりを正し、日本人の誤解を解くために、これまで封印してきた祖国の本音を語ります！

978-4-86410-477-7　1204円　46判・並製・216ページ

ない順 試験に出ない英単語　やり直し中学英語篇

シリーズ累計10万部突破！

リ[著]　千野エー[イラスト]

らないけど役に立つ!?　とネットで話題騒然の試験に出ない英単語シリーズ最新作!
-4-86410-550-7　1204円　46判・並製・176ページ【4月下旬発売】

19

対人データは「図式化＋色分け」で頭に入る

データを覚えなければならない人へ。誰でもできる暗記テクニック

「キャッチャーだから、ものすごい量のデータを頭に入れているんですよね。記憶力、いいんでしょう？」

よくそんな風に聞かれます。

相手のバッターについて、「この選手はインコースが弱い」「ストレートには強い」「ボールをよく見極めてくるタイプだ」などなど……たしかに、頭に入れておかなければならない情報はたくさんあります。

これをすべて文章で書き出して覚えようとしたら、とても覚えられません。

だから僕は図にしていました。ストライクゾーンを9分割の枡目《ますめ》にして、そこに○、□、△を書き入れて球種を示したり、さらに相手の得意な要注意コースは赤で、弱点は青で塗ると言った具合です。この記号と色分けにプラスして、ちょっとした情報を文字で足していくのです。

こうしておくと、情報が凝縮《ぎょうしゅく》され、図のままで頭の中に入りますから、必要なときにパン！　と全部出てきます。

ビジネスマンも記憶力を求められる場面があるでしょうから、このようにイメージで覚える方法も使えるかもしれません。営業で、顧客を開拓しようとしていて、たくさんの情報や特徴を覚えなければならない人もいるでしょう。

枡目は必要ないかもしれませんが、顧客候補をリストに書き出して、手応えがよければ○、どちらとも言えなければ△、現状では難しそうなら×をつけておく。攻めるトークが向きそうか、飲みに誘えばよさそうなタイプか、など、性格を色分けしてみたりも、いいかもしれませんね。家族構成もメモしたいところ。

外見も覚えるために、ちょっとした似顔絵や、メガネやスーツの色などをイラストに

里崎流「9枡記憶術」

仕事で必要なデータは、図式化して「画像」として覚えるのがポイント。それにより瞬間的に思い出しやすく、かつ忘れにくい記憶として定着する。

相手の苦手なコースは で、得意なコースは で表示。たった2色でも図形の機能性は十分。

速球以外の変化球については、 は落ちる球、▶は横に曲がる球など、簡略化した記号も用いる。

キャッチャーから見た右バッター

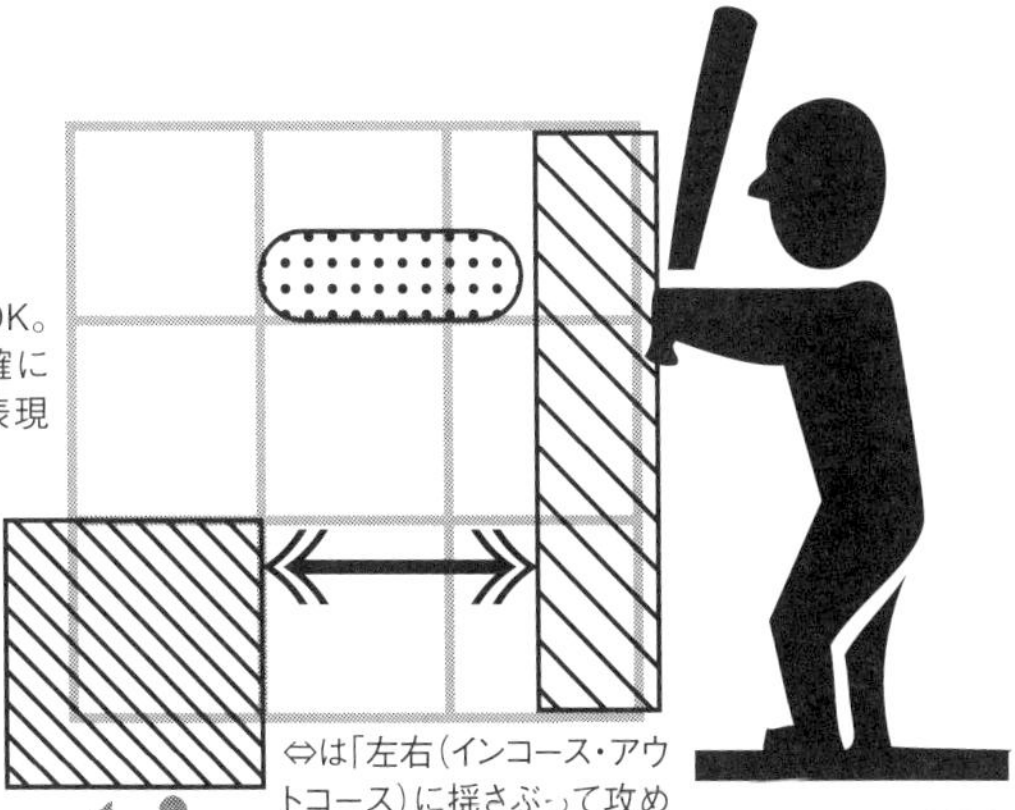

枡の外側も使ってOK。シンプルながら正確にバッターの特徴を表現する。

⇔は「左右（インコース・アウトコース）に揺さぶって攻めると効果的」という意味。記号一つでも情報量は多い。

キャッチャーから見た左バッター

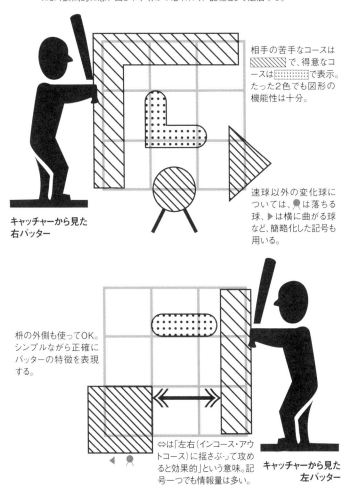

してもいいかもしれません。

大事なのは、どうやったら覚えやすいか、自分に適した手段を知っておくことです。

僕の場合、文字は覚えにくいのですが、イメージだと頭に入りやすいと自分で分かっていたので、そういう方法にしました。

よく「覚えるのが苦手なんです」という声を聞きますが、それは記憶力を過信しているのではないでしょうか。

人間の脳には、忘れていく機能があります。忘れるのは前提にしないといけません。忘れたものを、じゃあどこから取り返すんやって言ったら、資料とかノートしかない。だから、当たり前ですけど、書いておく。それもなかったら、よみがえってきません。

まずはメモ。そして、ひと工夫して自分なりのオリジナルな方法でまとめる。その積み重ねで、「忘れにくい脳」もできてくるのではないでしょうか。さらに仕事で経験を重ねて、同じことを繰り返すことによって経験値がたまり、記憶力プラス瞬間的な判断力もついてくると思います。

20
やらない勇気を持つ
「どうしても調子が出ない日」を乗り切るための省エネ思考

皆さんは、仕事をしていて「今日は気分が乗らないな」「どうもやる気が出ないな」と感じることはありませんか？

僕も現役のころ、時々「どうも集中できないな」「気分が乗らないな」ということはぶっちゃけありました。気分が乗っていて、やる気に満ちているときは、アホみたいに2時間も3時間も、全体の練習が終わってからもやっていました。そういうときは時間が長いとも感じません。

でも、やっていて「長ぇな」と思って、時間ばかりが気になるときはあります。

こういうとき、どうやったら集中力を取り戻せるか？

気分転換に音楽を聴く、瞑想《めいそう》して精神統一する――というのが一番になれる人の成功法則っぽい感じがしますが、僕は違います。

僕の場合、やることをやったら、すぐ帰る。つまり、ムリしてやる気を出そうとしなかったのです。時間が「長い」と気になるのは、その時間がつまらないということ。そういう状況では、何も身につきません。

日本の会社は、遅くまで残業している人が多いと聞きます。

でも、きっと朝から夜遅くまで、ずっと集中して仕事していることはないでしょう。人間の集中力は、それほど持ちません。ダラダラ仕事をしていたら、遅くなってしまったという人がいるのではないでしょうか。

日本は有給を取る人もまだまだ少ないし、残業はまだまだ多いでしょう。休んだり遊ぶことに罪悪感を抱いているのかもしれません。それでも、**仕事に自分をムリヤリしばりつけるより、やらない勇気を持ったほうがいいと思うのです。**

「やる気が出ない」という言葉はいろんな場面で便利に使われ、何となくそれでみんなも納得してしまいますが、ほとんどの場合は明確な原因があります。

たとえば僕が「今日は気が乗らないな」と思う場合、たいていは疲労が残っていることが理由でした。人によっては「取引がうまくいかなくて、イライラしている」とか「プライベートで、気がかりなことがある」など、何か原因があるはずです。

だから、そんなときはやることをやったら早めに切り上げて、やる気が出ない原因にアプローチするのです。僕ならチーム全体の練習メニューをやったら、個人の練習はせずに切り上げていました。そして、あとは疲れを取るために長くお風呂に入ったり、ストレッチしながら体を休ませます。イライラが原因の人なら、気分転換のために自分の好きなことをやるのもいいでしょう。僕はこれを「**積極的休養**」と呼んでいます。

とはいえ、ビジネスマンの場合、日中はいくらやる気が出なくても帰るわけにはいかないでしょう。そんなときは理由をつけて外に出てしまうというのも手です。よく喫茶店で休んでいる営業マンを見かけますが、最終的にノルマが達成できるのなら問題ないと思います。上手にメリハリをつければ、営業成績だって上がるでしょう。

ただ、やっぱり組織で動いていると「このまま何もしないで帰るのは心配だな」「みんなは残っているのに、心苦しいな」というときもあるかもしれません。

やらないと不安になるけれど、練習や仕事をしているだけで安心する。どこかで、そういう気持ちがあるんじゃないでしょうか。

スポーツ選手なら、練習しないとその分、差がついてしまうように感じます。ビジネスマンなら、「上司の評価が悪くなるんじゃないか」「納期に間に合わないかもしれない」と思うのかもしれません。

そんなときは、「じゃあ、あと10分だけやろう」「この一件だけは片付けていこう」など、時間ややることを決めてやる。短時間でいいから、それだけに取り組むのです。

僕も「早く上がりたいけど、ちょっと心残りだな」と思ったときは、短時間でできるトレーニングメニューを一つだけ選んで、それを10分ぐらい集中してやって終わりにしていました。心のわだかまりを解消しつつ、メリハリもつけるわけです。

明日頑張るために、今日は休む。一番になるにはメリハリをつけて、常に高いパフォーマンスを維持することが大事なのです。

21

上司は「褒めるときは適当」、「叱るときは本気」

後輩指導について、今だから言える本音！
褒めてばかりの人より厳しい人と付き合うべき、決定的理由とは？

「**ついていく人を間違えたら、終わりだぞ**」と、僕は現役時代に後輩たちによく言っていました。

たとえば、実力があっても、周囲に横柄な態度をとる人はどこにでもいるでしょう。いわゆる、「いい気になっている」ような人です。

こういう人についていったら終わりです。どんなに肩書が立派でも、その人は誰からも、心から信頼されていません。手本にしてしまったら、百害あって一利なしです。

みんな、いいことも悪いことも誰かに教えられて、いろんな道に行くものです。

仕事のやり方は上司や先輩に教えてもらうものだし、プライベートで遊びに行く場所や飲みに行くお店も教えてもらったりするでしょう。

僕だってキャッチャーの道に進んだのは小学校時代の監督に言われたからだし、プロになってからはプライベートで先輩に食事やゴルフに連れて行ってもらいました。そうやって、いい指導者や先輩に巡り会えたことで、今の自分があると思っています。

誰をお手本にするか、誰の指導を受けるかで、その人の将来は大きく変わります。

一番になれない人というのは、だいたい「楽かどうか」「気持ちいいかどうか」で、ついていく人を決めてしまいます。

一方、**一番になれる人は「自分を厳しく注意してくれるかどうか」「自分のことを真剣に思って意見してくれるかどうか」で、ついていく人を決めます。**

楽な人は、一見、優しくて自分のことを認めてくれているように思えます。

「いつもよくやっているね」「君がいると助かるよ」なんて、こまめに声をかけてくれるでしょう。

僕は「簡単に褒《ほ》める人が、一番怖い」と思っています。そういう人は「とりあえず、褒めておけばいいだろう」と思って部下や後輩に言葉をかけているんじゃないかな、と感じるのです。もしくは、相手に嫌われるのが怖くて注意できないのかもしれません。よく「褒めて伸ばす」みたいな人材育成の話があります。僕も、怒ってけなして、人が伸びるとは思いませんし、その比較なら褒められたほうが伸びます。

でも、簡単に褒める人は、悪いところを指摘してくれないのです。周りが注意してくれなかったら、その人は自分の課題に気づけません。それより、「小さなことでもミスをしないように気をつけないと、一人前になれないぞ！」と本気で叱《しか》ってもらえたほうが、絶対に人は伸びます。

僕は選手に怒ってきましたが、適当に怒ったことは1回もありません。怒るときはやっぱり真剣です。でも、褒めるときは「ああ、いいよいいよ」「おお、いい感じ」と、何がいいのかよく分からないけれど、適当に言うことは多々ありました。

人は怒るときに適当にはなれないのです。怒るときにはたいてい本音が出ます。

現役時代のバッティングコーチを引き受けてくださった金森栄治《かなもりえいじ》さんは、指導者として素晴らしい方でした。

金森さんはちょうど僕が打率を2割3分9厘に落とした2009年の翌年から千葉ロッテのバッティングコーチに就任されました。僕は初めから、金森さん独自のバッティング理論に惹《ひ》きつけられました。「もしかしたら不振を抜け出すことができるかもしれない」という思いで、金森理論を実践するべく練習に取り組んだのです。

金森さんは、結果だけで選手を判断しない人でした。たとえヒットを打っても理論通りに体が動いていなければ、「たまたま打てただけのダメなバッティング」と評価しませんでした。逆に、打てなくても理論通りに体が使えていれば、「今のはいいバッティングだった」と褒める。まさに、優しくて厳しい指導者だったのです。

人が成長するためには、やっぱり指導してくれる人は必要です。そのために誰を選ぶかは本当に重要なのです。

上司は部下を選んじゃダメだけれど、部下は上司を選んでいいと僕は考えていました。自分のいいところも悪いところもちゃんと見て、時には厳しく指導してくれる、本当の意味で「優しい人」を選んでください。

22

遠回りは成功への近道

逆転思考の僕でも、この「使い古された言葉」だけは大切にしています

僕は「**遠回りしたからこそ、見える景色がある**」という言葉が好きです。

いつもの通勤や通学の道は見慣れた景色だから、何も発見はない。でも、たまに遠回りしてみると「こんなきれいな花が咲いている土手があったんだ」と、それまで知らなかった景色が見えてきます。遠回りしたからこそ、気づくこともあるんです。

これは、人生においてすごく大事なことなんじゃないかと思っています。あえて遠回りする必要はないですが、遠回りしても、そこには大事な意味があるのです。

会社で仕事をしていると、希望ではない部署に異動になったり、地方に転勤になった

り、自分の望みである「本線」から外れることもあると思います。そういうとき、多くの人は落ち込み、やけになって、モチベーションもガクッと下がりますよね。思わず、転職を考える人もいるでしょう。

でも、ちょっと待ってください。本線は、ずっと一本とは限りません。ところどころで枝分かれして、また本線に戻ることもあります。遠回りしたとき、「本線じゃないから意味がない」と進むのをやめたら、おそらく本線には戻ってこられないでしょう。

山を登るとき、エリートや天才は最短距離を最短時間で登り、凡才は迂回《うかい》しながら時間をかけて登っていくのかもしれません。どちらも、頂上に着くことには変わりはないのです。迂回したほうがいろいろなことを経験できるし、その山がどんな山なのかが分かります。人生、何がプラスになって、何がマイナスになるかなんて、やってみないと分からないということです。

僕は入団1、2年目に2度も手術をして、一軍を目指すどころか野球すらできない期間がありました。プロ野球選手にとってケガは、マイナスでしかありません。試合にも出られないし、年俸も下がる。

でも、**ケガをしている間、筋肉トレーニングで基礎体力をアップできる思わぬプラス効果がありました。さらに、試合をバックネット裏から観戦し、「チャート」と呼ばれる細かい記録をつけて、リードの勉強もできたのです。**

元気なときは、ケガをして欠場する選手を見て「はあ？　そんなの気合でなんとかなるやろ」と正直、思っていました。でも、プロに入って最終的には4度も手術し、いざ自分がその立場になってみると、気合でどうにかなるものじゃなく、完治させるためにはどんなリハビリがよくて、どんな治療院がいいのか、必死で調べました。

僕は何かの宗教を信じているわけではないんですが、「神様が、もっとオレに勉強しなさいっていう使命を与えてるんやな」と思いました。これは何かの役に立つと思って見ていると、いろんな発見ができます。そういう視野を持てるのが、ケガをして伸びる選手と、低迷する選手の違いなんだと思います。

僕はその経験を通して、ケガをして試合に出られずに悩む選手の気持ちが分かるようになりました。自分がリハビリなどで学んだことを教えて、元に戻れる光を射《さ》すアドバイスをできたので、自分の人生にとってすごくプラスだと思いました。

組織にいると、本線から外れるときがあるでしょう。

球団でも、フロントから営業に異動になってショックを受けている人がいました。今まで管理部門にいたのにチケット売りなどの部署に配属となると、左遷《させん》のような感じで、動揺して落ち込むわけです。

でも、どんな人がどんな思いでチケットを買っているか、お客様にどんなニーズや不満があるのか、そういった大事なことが分かるのは現場にいるときです。プロ野球で一番大切なのはお客様なんですから、落ち込むことがすでにおかしいのです。

そんなとき、僕は「そこで学んだことが次の場所で活きる可能性もありますよ。トップを狙っていくとしたら、頂点の部署も下位の部署も、いろんな部署を知っていたほうが、そこがどういう風に成り立っているのか分かるじゃないですか。何がプラスで何がマイナスか、どういう改善方法があるのかを現場で学んだほうが、『こんな改善ができますよ』って提案もできるんじゃないですか？　逆に言ったら、これは出世するチャンスの可能性もありますよ」と言いました。

遠回りこそチャンスになります。ライバルにはない実戦経験を積んで成長し、いつか理想の本線に戻ってこられるのです。

遠回りしているときに「こんなところにいても意味がない」と考えてしまったら、日々の発見は何もなくなってしまいます。それは、自分で自分の人生をつまらなくさせていることになる。回り道しているときこそ、自分の真価が問われるのです。

23 思い込みの力はここまですごい。脳の「バカな部分」をうまく使え

僕が「幸運な人」に変われた考え方

僕は、運がいいほうです。以前、元日本ハムの新庄剛志《しんじょうつよし》さんに、「**俺もたいがい持っているけど、サトもけっこう持ってるよね**」と言われてから、ますます「自分は運がいい」と思うようになりました。

というか、そう思い込むことが大切なんです。自動販売機でジュースが当たっても、「ああ、やっぱりオレ、持ってるなあ」と思うし、コンビニで買い物した合計金額が777円だったら、「おっ、今日はついてるねえ♪」と浮かれます。それぐらい、自分では毎日、「オレってラッキーやな」と思い込んでいるのです。

不思議なことに、小さい幸運でも「オレってついている」と思っていると本当にそうなります。脳みそは結構バカなので、ずっと思い込んでいると、勘違いをするのです。そうなったら、こっちのもの。ついているのが特別なことではなくて当たり前になっていくので、チャンスをムダに見逃さなくなります。

たとえば、2005年から2006年にかけてのこと。2005年シーズン、ロッテは2位で、パ・リーグ優勝を逃しました。2003年までなら、これで終わりです。

ところが2004年からプレーオフ制度（その後クライマックスシリーズに変更）が導入され、シーズン3位までに入れば日本シリーズに挑戦できる可能性が生まれました。リーグの優勝を逃してももう1回チャンスがもらえるなんて、ラッキーです。おかげで、31年ぶりの日本一を成し遂げることができました。

そして2006年3月には、WBCが初開催されたのです。前年の5月に突如《とつじょ》開催が発表され、日本一になった翌年に急に世界大会ができてしまった。まさに、絶好のタイミングでした。

ただその当時、「日本で一番のキャッチャー」と言えばソフトバンクの城島健司でした。いくら僕が日本一のチームにいたとはいえ、普通に考えれば、日本代表の正捕手は城島です。

ところがその城島が2006年シーズンからメジャーに挑戦することになり、まさかのWBC欠場。そのときの日本代表の監督は、当時ソフトバンクの監督を務められていた王貞治さんでした。プレーオフで対戦して僕のプレーを間近で見ていてくれたからか、思いがけず僕に出場の機会が回ってきました。そして死闘を乗り越えての世界一。日本一から世界一への流れは、まさに「持っている」という感じでした。

だからといって、持ってる人を「あの人特別やからな」「あの人だからできたんだよ」と言ってしまったら、二度と追いつけなくなります。

僕は人をひがむということがなくて、「あの人、羨ましいな。あんなふうになりたいな」と思っても、「じゃあ、自分がそうなるためには何をしなきゃいけないのか」と次に考えます。一方、石油王で毎年一兆円の石油が出る生活を送っている人を「すげえな」

とは思っても、絶対になれないと分かっているので、何の感情もわきません。やっぱりひがむことはありません。

そもそも運がよくても、それをつかめるかどうかは別です。

2016年シーズン、セ・リーグ優勝した広島カープで2試合連続のサヨナラホームランを打って緒方監督から「神《かみ》ってる」と言われた鈴木誠也《せいや》選手も、神様の力で神ったわけではありません。ベースに実力があっての結果です。シーズンの打率3割3分5厘(リーグ2位)、本塁打29本(リーグ5位)、95打点(リーグ5位)という成績を見れば、その実力の高さは一目瞭然でしょう。

「運も実力のうち」といいますが、僕はこのことわざはちょっと違うかなと感じています。**運がいいから結果を出せたのではなく、いつでも運をつかめる準備ができていたから、いざというときにも実力が出せる。それだけのことです。**

プロの選手でも神頼みすることはありますが、それはやることをしっかりやったうえで、最後にすること。チャンスが来たときにポンと前に出られる準備をしている人が、本当の意味で「持っている人」なんです。

24

アイデアを人に話すと、三つのすごい効能がある

現役時代から「プレー以外」でも球団を変えた発想法と実現法

「この仕事、こういうやり方にすればもっと効率が上がりそう」「こんなサービスがあったら、喜ぶお客さんもいるだろうな」と、ちょっとしたアイデアが浮かぶことがありますよね。僕もふとしたときに、「こんなファンサービスがあったら、面白いだろうな」と一人で想像したりしていました。

こういうアイデアは、「でも、また上司からダメだと言われるに違いない」「今からやり方を変えると、みんなから文句が出るかも」と思って、多くの人は口にしないままにしているのではないでしょうか。

そこであれこれ考えてためらっていては、一番にはなれません。

アイデアは話した者勝ち。一番になる人は「これ、よさそうだな」と思ったら、まずメモる。それか、ダメ元でとりあえず人に話してみます。


たとえば千葉マリンスタジアムの内野席の上の壁には、リボンビジョンという長さ約295・6メートルのスクリーンが設置されています。試合前や試合中に選手への応援メッセージや広告が表示されて、球場の雰囲気を盛り上げている、あれです。

このリボンビジョン、自慢するわけではありませんが（自慢ですが）、日本のプロ野球団の本拠地への設置を最初に提案したのは僕なんです。WBCでアメリカに行ったとき、アナハイムの球場に設置されているのを見て、「これ、すごいな！」と思ったのがきっかけになりました。

もともと、マリンスタジアムの内野席の上の壁は真っ白で、外野手から「打球が見えづらいから、色を塗ってほしい」という要望が出ていました。そこで2006年のオフに「あそこにスクリーンを設置したら、ボールも見やすくなるし、ファンサービスとしてもいいんじゃないですか?」と球団に提案したのです。

ただし、ビジネスとしてアイデアを出すのであれば、単に「こんなサービスがあったらいいな」程度の思いつきで話してもダメです。

「お客様アンケートで待ち時間が長いという意見が多かったから、こんなサービスがあるといいと思います」と根拠を示したり、「このサービスをすれば、お客様のリピート率が上がると思います」などのメリットをつけないといけないでしょう。

僕もリボンビジョンを提案したときは、「看板だと取り外しが大変だから長期の広告しかできないけど、電光掲示板なら1日だけのスポット広告もできるでしょ。それって、地元企業の応援にもなるんじゃないですか?」「企業タイアップとか広告収入を考えれば、10年か15年で設置費用は回収できるかもしれませんよ」など、球団としてのメリットも付け加えました。そして、2008年に完成したリボンビジョンは、当時アジア最長のものでした。

もう一つ、僕が発案したことがあります。

スコアボード脇の「風速計」はマリンスタジアムの名物。身近なところにもビジネスの企画・アイデアは転がっている

千葉マリンスタジアムには、12球団で唯一、風速計があります。海辺に近い球場で「強風」が名物ですから、風が強い日に誰かがフライでも落とそうものなら、ニュースも必ず風速計の絵から入ります。

球場でテレビに一番よく映る場所といえばキャッチャーの後ろで、この部分のフェンスの広告は常に中継でも映り続けます。

対して風速計はスコアボードの脇にあり、普通に考えれば目立たない場所なのですが、千葉マリンの場合は事情が違うのです。試合中にファンの方もよくチェックしているし、ニュースでも映りやすい。

だから、そこに広告を出しませんかとスポンサーに売り込むよう球団に提案したところ、次の年、しっかり売れていました。

僕は、面白くて、他に類《るい》がないことを提案するのが好きなのです。二番煎《せん》じだと分かると、一気に冷めました。自分が成果を出すのも一番にこだわりますが、新しいことをするのも、類のないことにこだわっていたのです。

そうやって一番を見つけるのは、真剣に考えていても思いつきません。遊び感覚で「こんなんできたら面白いなあ」と空想するから、思いつくのかもしれません。

アイデアとは、もともとそこになかったものを提案するので、実現されなくても、自分の評価が下がることはありません。せいぜい、「あいつ、懲《こ》りずにまた何か思いついたみたいだよ」と思われるぐらいです。

逆に、人に話してしまえば、「そのアイデアがいいか悪いか分かる」「悩む時間が節約できる」「うまくいったら自分の成果になる」の三大効能があります。

アイデアを出すのは、ノーリスク・ハイリターンなのです。

25

しょっちゅう口にする「この言葉」を再定義するだけで、冗談抜きで人生が変わる

「反省」は調子がいいときにするもの

反省と聞くと、しんみりと「オレが悪かったんや」と壁に向かってうなだれているイメージがあります。

でも、僕のしている反省は真逆。上を向いて、「いやあ、今日のオレ、絶好調だったな」と反省しています。

それは反省ではない、とツッコミが入りそうですが、僕は失敗やミスがあったときに反省するんじゃなく、成功したとき、調子がいいときこそ、反省しています。

なぜ、うまくいっているのに反省するのか？

それは、「**調子がいい理由**」「**うまくいくパターン**」**は、調子のいいときにしか分からないからです。**

体調でも仕事でも、「最近、調子がいいな」と感じるときにその理由を考えてみると、いくつかの条件が揃っていることが分かってきます。しかも、その条件の数は案外少ない。

「睡眠が何時間取れると、次の日に疲れが残らない」「練習前にこのストレッチをしておくと、肩の動きが変わる」など、自分の調子に直結するものは、思っているほど多くありません。それさえ分かっていれば、常に自分をベストの状態に持っていけます。

だから僕は、調子のいいときこそ冷静になって、そのプロセスを検証していました。後輩たちにも、「調子が悪いときは気分転換に遊びに行くのもいいけど、調子がいいときにはあまり遊びすぎるなよ」と言っていたぐらいです。

普通は、調子がいいときはイケイケドンドンで、何も考えずに向かって行って、失敗したときに考えます。サルでも反省するんですから、失敗したときに反省するのは誰でもできます。

でも、調子が悪いときに引きこもっていると、そのことばっかり考えてしまうでしょう。そうなると、マインドがマイナス思考になっていき、いい成功イメージが出にくくなります。それなら、遊びに行って、調子が悪いことを忘れて、次の日はまっさらな気持ちで取り組むほうがいいのです。

逆に、調子がいいときに引きこもっていても、いいことしか考えません。そうなると、マインドがポジティブになるし、成功体験がどんどん浮かんでくるので、いい状態を保って過ごせます。

しかも、こういうときに遊びすぎると羽目を外して体調を崩しやすいので、ひきこもっているぐらいがちょうどいいのです。

反省は調子が悪くなってからしても、手遅れなんです。調子が悪いときは悪いことしか見つからないので、「どこから手をつけて直すんや」となります。考えることもやることも多いから、スランプから抜け出すのに時間がかかってしまうのです。

だから、**調子がいいときにこそ反省して、うまくいく条件ややり方を分析して把握《はあく》し**

ておく。そうすれば、調子が悪くなってきたときに、「あれとあれを調整すればいいんだ」と分かります。**自分をベストの状態に持っていく方法を知っているから、調子をすぐに取り戻せるわけです。たとえスランプに陥《おちい》っても、早く立ち直れます。**

僕は現役時代、試合前の守備練習は10年以上毎回同じ送球やキャッチング動作の確認をやっていました。シーズン中でも、オリンピックでも、WBCでもまったく同じ。それを続けた理由は、毎日同じ動作を繰り返すからこそ自分のコンディションもチェックできるし、調子が悪くてもどこを修正すればいいのか、何に気をつければいいのかがすぐに分かったからです。

皆さんも通勤で駅まで歩くのにかかる時間とか、メールの処理をする時間とか、いつもやっている基本的なことで、その日の状態は測れるんじゃないでしょうか。

絶好調を運や周囲の環境任せにしているうちは、まだまだ甘い。自分で自分を絶好調に持っていけるようになれば、一番に近づけるのです。

26

僕がコーチをやらない戦略的理由

100点満点の中間管理職になれると思ったら大間違いであり、そこが頂点ではない

野球界では、選手が引退したら監督やコーチになるのは王道です。

でも、監督とコーチでは雲泥《うんでい》の差があります。監督は花形ですが、コーチは完全に裏方です。

人は、誰もが自分の武器を売ってサラリー（給料）をもらっています。野球だったらプレーヤーとしての腕前。医者だったら医療の技術、パン屋さんだったらパンをつくるというスキルを売ってサラリーをもらっているわけです。

当然、同じ武器を持っている人が多ければ多いほど、サラリーは下がります。コーチ

は需要より供給のほうが多い世界です。つまりなりたい人が多いので、デフレになって値崩れしていくんです。多くの人はコーチになりたい、監督になりたい、と考えますが、野球界の終着地点はそこだけじゃありません。

皆さんも同じだと思いますが、ある地位を目指すことに重きを置いて人生設計しすぎると、選択の幅を狭めてしまいます。「なれたらラッキー」ぐらいでいいと思います。

僕は現役時代に何人ものコーチから教わってきました。

コーチを見ていて分かったのは、自分の理論がしっかりしている人ほど、野球界では生き残れない、という場合も多々あることです。

理論と理屈がしっかりしているコーチは、選手からの人望は厚い。でも、監督から信頼されているわけではありません。

監督が「選手にこれを教えておいて」と指示したとき、理論と理屈がしっかりしているコーチは、「えっ、それは違うと思います」と反論します。そうなると、監督は「俺が監督やぞ。俺がこうやってやれって言ったら、やれ」と命じる。それでもコーチは「いや、僕、その教え方、教えたことがないんで教えられません」と突っぱねるのです。それは監督に楯突《たてつ》くことになるので、辞めさせられてしまいます。

逆に、今まで「Aの方法でやれ」と指導していたのに、監督が「Bでやれ」と言ったとたんに、「Bの方法でしろ」とコロッと意見を変えるコーチほど、生き残っていました。そういうコーチは、選手たちからの信頼はゼロです。

コーチと言えども、中間管理職です。上と下の間にいるし、成果を出すのは選手であり、コーチ自身ではないので、難しいポジションなのです。

正直、何もしていなくても選手がすごかったら勝手に成績を出してくれます。逆に、コーチの理論がしっかりしていても、選手がついてこられなかったら、結果を出せません。だからコーチの評価は難しい。そうなると、みこしをしっかり担いでくれて、自分の言うことを聞いてくれるコーチを監督は選びたがるのです。

そのコーチに実績がありすぎても、監督としては指示を出しづらくなります。**野村克也さんがコーチになったとしたら、どの監督も何も言えないでしょう。**

そういう基準で選ばれるので、選手のほうがコーチより実績があるパターンも少なくありません。

そういう場合、選手は何か言われたときに「は？　あんたが偉そうに言えるのかよ。オレに負けて引退に追いやられたんじゃないか」と思ってしまうわけです。

そして、信頼されなくなったコーチは、選手たちからシカトされます。「あんなやつが言っていることはほっとけ」と、選手同士で教え合ったりして、コーチはいらないという雰囲気になってしまうのです。

なかには、タイムキーパー状態のコーチもいて、「時間が来たから、ハイ、交替」と声をかけるだけの人もいます。

もしかしたら、「うちの会社にも、そういう課長がいるなあ」と読みながら思った人もいるかもしれません。そうならないためには、部下のときから次の道を考えてつくっておくしかないと思います。自分の理論や哲学を確立して、貫き通すのもありでしょう。ただ、上と衝突する可能性もあります。

将来は独立することを考えて、準備を進めておけるなら、板挟みにならずに済みますが、ずっと組織に残る人も多いでしょう。

そういう人は、上層部から見ても、部下から見ても１００点満点の中間管理職になるのは無理、と割り切る必要があると思います。

どうせなら、とっとと上に行きましょう！

27

「便利屋」になればチャンスは舞い込む

引退後の僕が、新しい世界で成功するために考えた生き残り思考

僕は2014年に現役を引退しました。

それから会社を立ち上げ、野球の解説から講演会、バラエティ番組の出演などなど、多種多様な仕事を引き受けています。

僕は独立するときに、「便利屋になる」と誓いました。仕事を選ばず、依頼が来たらなんでも引き受けようと決意したのです。

大御所のプロ野球選手のなかには、仕事を選んでいる方もいます。

けれども、野球関連の仕事は1年中あるわけではないし、テレビにしろラジオにしろ、

野球選手の枠はだいたい決まっているんじゃないかと思います。そこでも椅子取りゲームが行われているんです。

僕は、野村克也さんや古田敦也さんのように超一流ではなかったので、ぜいたくは言っていられません。仕事の依頼があったら、「ありがたいな」と思って、できる限り引き受けます。そこからどんなチャンスにつながるか、分からないからです。

こういう姿勢でいれば、得することはあっても、損することはありません。

ビジネスマンであっても、便利屋になればきっとさまざまなチャンスが生まれます。忘年会の幹事や社員旅行の世話係、ＯＢ会やイベントのボランティアなど、みんなが面倒がる業務があるでしょう。それを「僕がやります！」と率先して引き受けるのです。そのうち「お酒の場はこいつがいないと盛り上がらない」と思われるようになり、あちこちの接待の場に引っ張り出されるかもしれません。そこからあらゆる方面に人脈を築けるチャンスが生まれる可能性もあるのです。

今は会社勤めをしていても、ずっとそのままの状況が続くかどうかは誰にも分からないでしょう。明日突然、会社が倒産してしまうかもしれないし、リストラされて職を失うことになるかもしれません。

そうなれば、転職するか、自分で起業するかという選択を迫られます。どちらの道を選ぶにしろ、そこで人脈が活きてきます。

だから、**便利屋になって、日頃から顔つなぎをしておくと、いざというときに手を貸してもらえるかもしれないのです。社内でも、社外でも、ネットワークが多いに越したことはありません。**

そして、自分から「こんな仕事をしたい」とアピールして回ること。

今、僕はプロ野球のオフシーズンだけレギュラーでラジオの番組をやらせていただいているのですが、先日「今後の目標、ありますか」と聞かれて、「1年間のレギュラー番組やりたいですねぇ、よろしくお願いします」と言いまくってきました。

番組が終わってからお笑い芸人の東貴博《あずまたかひろ》さんから「若手並みにガツガツしてますね」と言われましたが、なりふり構っていられません。仕事はそうやって、自分の力で広げていくしかないのです。

ＦＭラジオのＤＪも、１回ゲストで呼んでいただいたときに「俺もＤＪやりたいなぁ」と言ったら、その２カ月後に本当に決まりました。それから２年目になります。**あのとき、もし自分で言わなかったら、里崎はやりたいんだなとは誰も思いません。**だから、やりたいと思ったら自分でアピールすることが大事です。

実はこの本も、「ビジネス書を出したい」と周囲にアピールしていたら、話が巡り巡って、本当に出版できることになったのです。

実力さえあれば評価してもらえると考える人もいますが、それはウソです。何もしなければ、周りの人にはその人に実力があるかないか分かりません。

生き残っていくには、自分の能力を他の人の目に見える形で発信し続けていることが重要です。自分だけが「俺は英検１級で５カ国語がペラペラで、どんな通訳、翻訳もできます」と思っていても何も始まりません。

その実力を誰かに気づいてもらわないと、どれだけ力を持っていても意味がない。そのきっかけをつくるためにも、便利屋になってあちこちに顔を出すべきなのです。

28 テーブルの上に乗る努力をする

仕事を発注してくれる側には、「誰でもいいから！」という瞬間もある。
そこでは「一番」である必要はない

僕が引退して今のように仕事ができるのは、三つの強みがあるからだと考えています。**一つはムダによくしゃべること、二つ目はすぐ連絡がつくこと、三つ目はフットワークが軽いことです。**この三つの柱で僕は成り立っています。

僕は、聞かれたことには必ず答えるし、それ以外の余分なこともしゃべります。スポーツ選手で饒舌《じょうぜつ》な人はそれほどいないので、サービス精神をもってトークができるというだけで、かなり強みになります。

また、僕への仕事の依頼は基本的に僕のスマホに入るようになっていますから、すぐに連絡が取れるし即答しています。事務所やマネージャーを介しての連絡だと、どうしてもタイムラグが出るので、直接自分が受けられるようにしているのです。

そして、スケジュールが空いていればすぐに仕事を引き受けるし、基本的にどこへでも行くようにしています。

あるメディアからは、締め切りまで時間がない案件をよく依頼されます。

「締め切りまで3日しかないのですが、3日以内に会えますか？　会えなかったら電話で取材でもいいです」みたいな感じでオファーが来ます。どんなに期限が短い仕事でも、瞬発的に対応できなかったら、他の人に取られてしまいます。

もしかしたら突然、仕事の枠が増えたり、他の人へのインタビューが中止になり、「こういうときにはサトがいる」と連絡をしてきたのかもしれません。それは僕にとってありがたいことだと思っています。

急ぎのとき、困ったときに僕を思い出してもらえるなら、僕の戦略は成功です。

仕事のスタイルは便利屋であっても、自分の強みや特性を、最低でも三つは即答できるようにしておかなければいけません。

「あなたの強みは何？」と聞かれたときに、即答できない人は、まずダメです。「僕の強みはこれです」「僕の長所はこれです」と答えて、「これらのスタイルを崩さない限り、僕は戦い続けられます」というものがあるのが重要です。

強みが三つないのなら、見つけるか、つくるしかないでしょう。

就活のときは面接で強みや弱みを答える準備をしていたように、普段の仕事でも強みを答えられるようにしておくと、どんな場でも自分をＰＲできます。

何かの集まりで自己紹介するように求められて、「粘り強くて、何事もやりきる力があって、行動力もある山田です」とＰＲできれば、その場にいる人に覚えてもらえるかもしれません。要はキャラをつくるということです。

人と同じことをしてもなかなかチャンスは巡ってきません。自分なりのキャラを立てていかないと、周りの人との差別化を図れないのです。

そこはセルフプロデュースで、うまく自分のキャラ設定をしてみてください。たとえば、ライバルが少ないヒールに徹するというのも一つの選択肢です。どんなキャラでも、ないよりは断然いいので、自分なりに演出して楽しめばいいと思います。

もう一つ、僕が引退して思ったのは、**常にテーブルの上に名前が乗る努力をしなくてはいけないということです。**

ドラフト10位中の10番目でも、仮に1番から9番までが何かの都合で指名できなかった場合、「じゃあ10番目の里崎でもいいか」となればいいのです。そこでも一番を目指せればいいのですが、トップレベルの仲間入りができるのならテーブルに名前が乗るだけでも上出来でしょう。

ただし、10人であれ20人であれ、リストに名前が乗らないとそもそも選ばれる可能性はゼロなので、そこは必死で努力をしなければなりません。

今の僕なら、野球関連の仕事で誰を呼ぶかとなったときに、名前が候補に入っていないとダメだと思っています。だから、常に野球の最新情報を仕入れるのはもちろん、ほかのスポーツでコメントを求められてもとっさに答えられるように、浅く広く情報を仕入れています。そういう絶え間ない努力によって、勝負の土俵に上がれるのです。

第3章

「勝負強い人」になる技術

CHANCE

29

勝ちたい気持ちが強くなるほど、勝利からは遠ざかるもの。緊張がピークに達したら？

一発勝負の場面こそ「うまくいけばラッキー」で臨む

僕はあまり緊張しないほうですが、一度だけプレッシャーで体が動かなくなった経験があります。

それは2007年、台湾で行われた北京オリンピックアジア最終予選の、第3戦の最中のことでした。イニングを重ねるにつれて左腕が重たくなってきて、いつもなら当たり前にできるキャッチャーミットを構える動作が、いちいち意識しないとしっかりできなくなったのです。

晩秋の夜の台湾はちょっと涼《すず》しかったので、「寒いせいかな」と思って途中でアンダーシャツを半袖から長袖に替えたけれども、まったく効果なし。

「そうか、これがプレッシャーなのか」

ようやく僕は自分に起きていることに気づいたのです。

意識しないと手が動かないのは、脳は緊張していないのに、身体は無意識にプレッシャーを感じ、耐え切れなくなっていたのだと思います。

そのとき、僕は相手が台湾でも韓国でも、「勝てる」という自信はありました。同時に、「絶対に負けられない」という気持ちも強かった。

もしこの試合で負けると、日本チームはアジア最終予選でオリンピック出場を決められず、世界最終予選に回らなくてはならなくなるのです。そうなると日程的にプロ野球のシーズン開幕と重なるため、ひじょうに厳しい状況になると分かっていました。

結果は10対2の大勝で、北京オリンピック出場が決まりましたが、どれだけ冷や汗をかいたことか。今でも思い出すたびに、イヤーな汗が出てきます。


勝負は「勝ちたい気持ちが強いほうが勝つ」とよく言われますが、実際は逆。勝ちた

い気持ちが強いほど、うまくいかないんです。

それはなぜか？　勝ちたいという気持ちが強すぎると、「負けたらどうしよう」と不安が生まれるからです。

とくにチーム競技では、「自分のせいで負けたら……」と思ってしまう場面が必ずあります。一度そう思ったら、緊張で体がガチガチになって動けなくなります。

そうならないためには、「負けたってええやん。何も失うものはないし」と思うこと。勝ち負けへのこだわりを捨てることで、緊張やプレッシャーから解放されるんです。

僕は緊張したとき、「**いやぁ、俺って、まだまだ若いなあ。こんな歳になっても、まだ勝ちたいなんて欲張っちゃうの？**」と、心の中で自分自身を笑い飛ばします。そうすると、段々気持ちが落ち着いてくるのです。

入試でも、絶対に受かる学校をお試し受験で受けたときに、緊張やプレッシャーは感じません。きっと「受かっても行かないけれど、まあ受かったらラッキーかな」と気楽でいられるから、多少電車が遅れても、それほど慌《あわ》てずに対処できるはずです。

でも、「絶対に合格したい」と思ったとたん、追い込まれてしまう。**だから、一発勝**

負の場面こそ、「これがダメでも、他にある」ぐらいの気持ちで臨むべきなのです。

そうはいっても、簡単に緊張や不安を捨てられないのが人間というもの。

僕は自分の調子が悪いと感じたときは、イメージアップビデオを見ていました。自分が活躍している場面だけを集めたビデオをつくってもらい、それを調子が悪いときやプレッシャーを感じたときなどに見返していたのです。

ビデオの僕は、見事なファインプレーをし、難しいコースでも打っているので、「やっぱ俺ってすごいなあ」「何でもできるんじゃないの?」と自分に酔いしれます。そうやって自分はできるという気になれば、実際に結果を出せました。

今までうまくいった仕事を思い出したり、賞状などを見て「俺はこんなにすごい結果を出している」と自分を洗脳する方法は効きます。

勝ちたい気持ちから自分を信じる気持ちへ変換できれば、マイナスの感情から解放されるはずです。

30

最強の敵に勝つには「知らないまま」でいること

どんなに輝かしい実績だってしょせん過去のもの。
伝説のＷＢＣ優勝につながった、凡人のための勝利の法則

２００６年のＷＢＣで僕が落ち着いてプレーできたのは、相手チームの選手のデータを徹底的に調べ、綿密に戦略を練《ね》っていたから——ではありません。**実は、相手チームの選手のデータをほとんど何も知らなかったから、普段通りにプレーできたのです。**

例えばメキシコチームにはビニー・カスティーヤ選手やエイドリアン・ゴンザレス選手といったメジャーで実績を残している強打者もいたし、メジャーでもエース級のピッチャーもいました。けれども、僕が知っていたのは右打ちか左打ちかとか、ピッチャー

の持ち球ぐらい。誰がメジャーリーガーかもよく分かっていませんでした。

だから、対戦しても必要以上に身構えることもありませんでした。いつも通り、「この様子だと、内角は打てないな」「このピッチャーなら、打てそうだ」と相手の実力を見極められました。

試合が終わってから、「サト、あのピッチャーからあれだけ打てるなんて、すごいな」と言われても、僕からすると「全然、たいした球は投げてなかったですよ」という具合。メジャーで100勝以上しているピッチャーだと聞いて、「えーっ！　そうなの？」と驚きました。

勝負する前から相手の実績やバックボーンを気にしていては、冷静な判断を鈍らせてしまいます。僕も事前に「こいつは、メジャーで毎年40本以上ホームランを打ってるぞ」なんて知っていたら、やっぱりいろいろ考えたと思います。

情報収集は大事ですが、データ分析をして勝利を引き寄せられるのは、超一流の人たちの世界の話ではないでしょうか。相手の弱点を調べるぐらいのことはしたほうがいいですが、強いところも徹底的に調べて分析していたら、余計不安になるだけのような気がします。

才能のない人が勝つには情報を仕入れすぎないこと。必要最低限のことだけを確認したら、あとは自分のやるべきことに集中するほうが、勝ちに近づけます。

ビジネスでは、コンペに参加することもあるでしょう。そういう場では、競合相手を調べすぎないほうがいいと思います。相手の戦略や戦術を気にしすぎてあれこれ調べていると、自分がコンペで主張したいことに集中できなくなります。

「A社はこういう路線で来るかもしれないから、うちはこういう攻め方をしたほうがいいのでは」と考えすぎると、自分たちが何を伝えたいのか、軸がブレまくります。

だから、情報収集は最低限に絞っておいて、あとは力を出し切るほうに集中する。これが凡人の勝利の法則です。

どんなに実績がある相手だって、その実績はしょせん過去のものです。

実際の勝負では、そのときの調子や周囲の環境に影響されるので、バリバリのメジャーリーガーだって打てないことはあります。ビジネスでも、大手企業が徹底的にマーケティングをして売り出した商品がヒットしないことはあります。

反対に、小さな会社が出した商品をたまたま有名人がメディアで紹介しただけで、ヒットすることだってある。いくらデータを調べても、勝負に絶対はないのです。

相手を気にしすぎて情報ばかり集めるのは、戦う前から重荷を背負うようなもの。判断も鈍るし、動きも悪くなります。弱腰になって、攻められなくなることだってあるでしょう。

それだったら、むしろ何にも知らないほうがいい。しっかりと準備して、自分のコンディションを整えておけば、何とかなります。

自分が「いける」と感じたときは思いっきり前に出られるように、情報で頭でっかちにならないようにしましょう。

31 ほしいイメージは「逆算」してつくりだす

「歌うプロ野球選手」というキャラクターは計算ずくでつかみとった。派手なプロモーションに必要な緻密思考

僕は現役時代に「歌って踊れる捕手」と言われ、今でもそういうイメージを持たれています。

僕がバッターボックスに立つと、スタンドでは「歓声の渦《うず》巻いて、大きく放り込め。歌え、踊れ、打ちまくれ！　いざ行け里崎」という応援歌をロッテファンのみんなが歌ってくれました。他の選手は「駆け抜けろ」「今こそ羽ばたけ」「熱く燃えろ」といった、いかにも野球選手っぽい応援歌なのに、僕だけ「歌え、踊れ！」です（笑）。

そこまで歌い踊っているイメージが強いようですが、**実は現役時代には4回しか球場**

のステージで歌ったことはありません。

それなのに、いつも歌い踊っているような印象があるのは、**どのタイミングで歌うのか、戦略を練りに練ったから**です。

僕がロッテに入ったころは、勝っても負けてもテレビや新聞で大きく扱われることなんて、まずありませんでした。巨人みたいな人気球団の選手なら、ヒット1本打っただけでスポーツ紙の一面です。ロッテはヒットを3本打っても活字になるぐらいで、写真すら載《の》らなかったのです。ニュースでも、「ロッテ対オリックス戦は、4対3でロッテの勝ちでした」とひと言で終わったり、試合結果が字幕スーパーで流れるだけ、なんてことも……。

でも、プロ野球選手になったからには、名実ともに一流になりたいと僕は思っていました。そのためには、野球だけしていたらムリだと考えたのです。

そこで、僕はロッテが注目を集めるための策を練りました。

2005年5月29日の横浜との交流戦で、僕は初回に満塁ホームランを打ちました。

その日は、日曜日のデーゲームでした。このときを僕は待っていたのです。

ヒーローインタビューを受けたときに、「この後、特設ステージで渡辺俊介《しゅんすけ》とライブをやります！」と宣言してしまいました。千葉マリンスタジアム前には特設ステージがあったので、そこでサプライズライブをやることにしたのです。

これは誰にも相談していなかったので、チームのみんなは、「サトは何をやり出すんだ？」という感じでした。

そして宣言通り、俊介と一緒にロッテの応援歌「We love Marines」と、えちうらの「夢への翼」を熱唱しました。その映像は、その日の夜の各局のスポーツニュースや翌朝のスポーツ紙で大きく取り上げてもらったのです。

これを実行しても、いろいろな条件がピタッと揃わないとやり損になってしまいます。平日のナイターだと試合終了後に即ニュースで、スポーツコーナーの時間も短いため、試合が終わってからのイベントの映像は使われません。土曜日はデーゲームなので、夜のニュースで映像を使われる可能性はありますが、翌朝は日曜でサラリーマンが出勤しないので、新聞が駅やコンビニで売れないのです。

日曜日は各テレビ局が個別のスポーツ番組を持っているので、野球コーナーも長くなります。また、月曜日はサラリーマンが新聞を買うので、写真が使われていたら、注目されます。

そういったことを計算して、日曜日にやるしかないと決めていたのです（さらに言えば、月曜が祝日や新聞の休刊日ではないか、チェックも必要でした）。

その狙い通り、「里崎がホームラン打った日は必ず歌う」ぐらいに思われたり、今でも「歌って踊れる」と言われるぐらいのインパクトを残すことができました。

その他にもいろいろなファンサービスで話題をつくってきましたが、もちろん本当に見てほしいのは野球です。でも、いきなり王道のアプローチで巨人や阪神のような人気球団には勝てないと思ったので、別の方向から攻めることにしました。

たとえば中小企業の皆さんが大企業に勝とうとするときには、ユニークな工夫が必要だと思います。でもそれがうまくいくと、大企業以上の恩恵を受けることもできるのではないでしょうか。

32

データと迷ったら最後は「自分が王道」でいい

王道もセオリーも裏目に出ることはある。僕が勝負勘を磨いてきた前向き思考

逃げないことを信条にしている僕でも、過去に逃げてしまったことはあります。

2010年の中日との日本シリーズ第7戦でブランコ選手を打席に迎えたとき、つい安全策に逃げてあわやホームランという当たりをされました。

それまではインコースを攻めて抑えてきたのですが、最終戦ということもあって、「ずっと同じコースだから、そろそろそこを待っているかもな。インコースは一歩間違えると長打になるし、ガポーンとホームラン打たれて負けるのも怖いから、アウトコースでかわそう」と思って攻めたのが、完全に裏目。あと数センチでホームランでした。

勝負は、やっぱり弱気になったらダメ。幸い試合には勝てましたが、迷ったら思い切って進むしかないのだと、そのとき痛感しました。

勝負に行くかどうかは、経験値が少ない人ほど迷うものです。

でも、僕からするとそういうときこそ勝負に行ったほうがいいと思います。**勝負に行けば、勝っても負けても、それが経験になるからです。**

「こういうときは、ガンガン行っていいんだな」「これは行っちゃダメだったんだな」など、勝負どころの見極めはやってみないと学べないものです。戦略を練ったり、分析するだけでは勝負どころで勝てるようになりません。

「勝負勘」というものも、勝負をしてみないと身につきません。勝負どころでは、時として王道が裏目に出ることもあるんです。

データでは「こっちがいい。そっちはダメ」と出ていても、100人中99人が「それは危険だ」と思っている選択肢でも、自分の心が「いやいや、こっちだ！」と別の答えをささやくときがあります。

こういうとき、僕は自分の感性を信じるようにしています。**データやセオリーとして**

の王道はありますが、最後の最後は自分が「行ける」と思える道が王道。

だからWBCでも松坂大輔投手に8球連続でインコースに投げさせたこともあったし、周囲が「ヤバいぞ」と思っても、最後の判断は自分でしていました。

勝負どころの見極めも感性も、勝負に行ったからこそ磨かれるものです。一つひとつの勝負で経験したこと、感じたことが自分の引き出しになり、それが次の勝負で的確な判断ができるようになっていく材料になります。

ビジネスマンの皆さんにも、「データ的にはAなんだけど、直観はB」ということがあるでしょう。

そんなとき一番まずいのが、「Aでやっておけば、周りから文句を言われないだろう」という消極思考。これでは失敗しても自分への言い訳ができ、正しい反省もできません。**失敗する勇気を持てないと、ひいては決断力や論理的な思考力まで奪われてしまうでしょう。**

そうならないためにも、「迷ったら、自分の感性で勝負」。勝っても負けても、一番に近づくのは、その反復なのです。

33

カリスマじゃなくても「持ってる人」になれる

「勝負強さ」の正体は、負けても、チャレンジしたかだけ

2006年のセ・パ交流戦。神宮球場でヤクルトと対戦したときのことを、今でも鮮明に覚えています。

その日は試合前から雨が降っていて、5回に入ったときには、もう本降り。その時点で2対5とヤクルトがリードしていましたから、5回表で逆転しなければそこで雨天コールド（試合終了になること）になってもおかしくありませんでした。

そんな状況のなか、二死満塁で僕は打席に立っていました。ピッチャーは左腕の藤井秀悟《しゅうご》投手。カウントはワンストライク、スリーボール。

このとき、僕は頭をフル回転させて次に藤井投手が投げてくるボールを考えました。雨で指がすべるから、変化球よりはストレートの可能性が高い。まっすぐを投げるなら、コースは最近僕がちっとも打てていないインコース高めを狙うのではないか。

そうやってインコース高めに集中して振ったバットは、ボールを芯《しん》でとらえました。雨を切り裂いてスタンドに飛び込む、逆転満塁ホームラン。ギリギリのところから、スコアを6対5にひっくり返し、一気に勝ちを引き寄せた瞬間でした。

ちなみにその翌年も、同じく雨の神宮球場で行われたヤクルト戦で、僕は逆転満塁ホームランを放っています。

野球でもビジネスでも、「この人、勝負強いな」と言われる人がいますよね。皆さんは、どういう人を見て「この人は、勝負強い」と感じますか？

確かに結果を出している、勝負で勝っているという部分も大事です。

でも、僕は「勝負強さ」は結果だけで測るものではないと思っています。

僕が考える本当の勝負強さとは、倒れても倒れても立ち上がって、また戦いを挑み続けられるかどうかです。それこそ、本当の勝負強さだといえます。

勝負は1回で勝てることもあれば、何度かやってようやく勝てることもあります。簡単な勝負に1回で勝った人と、難しい勝負に1回は負けたけど、まだ戦い続けている人では、どっちが勝負強いか分からないでしょう。

失敗しても何度も何度も勝負し続けていれば、勝ちの回数は必ず増えます。トライし続けさえすれば、いつしか「勝負強い人」になれるんです。

たとえば取引先に新しい企画をプレゼンするときも、最初は誰だって失敗するものです。一生懸命準備して行っても、細かく突っ込まれるとちゃんと返答できず、しどろもどろになる人もいるでしょう。

でも、場数を踏むうちに、ありとあらゆるイレギュラーなことにも耐えられる力がついてきます。勝負強さが鍛えられ、難しい契約も取れるようになるはずです。

大切なのは、常に勝負をしながら最善の手を考えることです。考えれば考えるほど、自分の引き出しが増えます。引き出しが増えていけば、「この状況は、このAの5の引き出しのときに似てるな。なら、これでいくか」と勝負の仕方も見えてくるのです。同じAでも、1個しかなかったらそれしか選べませんから、そこにはまらなかったら判断に迷います。でも引き出しが5個も6個もあれば、いろんな状況に対応できます。

つまり、勝負強くなるには、引き出しを増やさなければならないのです。

もちろん勝負は駆け引きだから、選択がうまくいくときもあれば、間違うこともあります。でも、間違ったとしても、それがまた引き出しの一つになるだけです。

「この前、同じ状況でAの5を選んで打たれたな。このシチュエーションはBの3のパターンとも考えられるから、今日はこれでいこう」となるわけです。

その場の瞬時の判断のなかで、選択肢は多いほうが勝負では有利です。

2個しかないのと、10個の中から1個を選ぶのとでは、やっぱり後者のほうが余裕を持って勝負できます。

繰り返しますが、僕はプロ野球選手としてずば抜けた身体能力やセンスがあったわけではありません。160キロのボールが投げられたわけでもないし、メジャーリーグでも大活躍した松井秀喜さんのように「何で、このコースをホームランにできるの？」と言いたくなるバッティングの才能も持っていませんでした。

でも、とにかくあきらめなかった。常に考えて、トライし続けたことで、いつしか一軍にも定着できましたし、「勝負強い選手」と言ってもらえるようにもなりました。

勝負強さは、何回負けたって、壁にぶち当たったって、それでもまた立ち上がれるかどうか。そこで立ち上がりさえすれば、勝負強さは自然と鍛えられます。時間はかかるかもしれませんが、最後は「勝負強い人」になれるのです。

34

交渉は先に動いたほうが負ける

個人事業主の僕らには、条件交渉も大事な仕事。全戦全勝を勝ち取るための理詰め戦略

交渉は、先にしゃべり出したほうが負ける――よく言われる鉄則ではありますが、僕ほどそれを徹底している人は他にいないかもしれません。

プロ野球では、選手がシーズンオフの契約更改で代理人を使う権利を認められていますが、僕は一度も任せていません。「大切な自分の年俸の交渉を、自分より上手にできる人はいない」と思っていたからです。

営業でも契約更改でも、自分の主張を通したいと思うと、ついつい自分の意見や要求を先に言ってしまいがちです。でも、それは一番になれない人の交渉術。

先にしゃべり出したら、自分から根拠や条件などを提示しなくてはなりません。そうなると、そこからは相手の突っ込みに防戦する一方。攻めたはずが、気づけば守りに回らされてしまうんです。

だから、まず相手の話を聞く。

相手の言い分を聞いて、相手のカードをすべて出させてしまうのです。そこから一つひとつ反論するなり、対案を出すなりして、ひっくり返していくのが僕の交渉術です。

また、先に相手の意見を全部聞いてしまえば、後出しで話を付け加えられることもありません。

僕も契約更改ではまず球団の話を聞くことに徹しました。金額と査定内容を細かく明かしてもらい、**「お話は、それで全部ですか?」と確認してからが、交渉の始まりです。**

こうすれば納得できない点に関してだけ反論ができるうえ、査定で触れられなかった材料を持ち出して、「この分はプラス材料ですよね?」といった上積みも引き出していけます。

相手がしゃべっているときは、話を遮《さえぎ》らないのも僕のルールです。

途中で「ちょっと待ってください。それは……」と話を遮って反論するのは、話をややこしくするだけです。会議でも議論が口げんかになるときは、だいたい話の途中で誰かが「ちょっと待って。それは違うでしょ」と話を遮って反論を始めたときじゃありませんか？

話をこじらせないためには、途中で「それはないやろ」と思ったとしても遮らずに、相手にすべて話をさせてしまう。これが鉄則です。

ただし、何の準備もせずにただ交渉の場に行って話を聞くだけでは、相手にやり込められるだけです。

だから僕は、**交渉の前はデータや事例を集めて**、「**こう言われたら、こう返す**」**というシミュレーション**をしていました。

試合後にコーチから「明日、練習前にミーティングしたい」と声をかけられたことがありました。「これは決勝ホームランを打たれて負けたことを言われるな」と察して、ひと晩かけて対戦相手の成績やそのときの配球などのデータを調べました。そして、電卓で計算しながらノートに書き込み、万全の態勢で臨んだのです。

案《あん》の定《じょう》、「なんであの場面であんな球を選んだんだ、裏をかいたつもりだろうけど、打たれたじゃないか」とコーチに叱責《しっせき》されました。コーチの言い分をひと通り聞いてから、「もうそれで終わりですか」と念を押し、コーチが「そうだ」と言ってから、僕の反撃が始まりました。

「過去1年間、相手選手との対戦成績で僕が要求したところは1本もヒットを打たれていません。当たりとしても超凡打で、会心の一撃で打たれたのはこの1年間1回もないんです。それが昨日はたまたま甘くなって打たれただけであって、選択肢としては間違ってないと思います。先程裏をかいたつもりかって言いましたけど、これは王道なんですよ。この選手にどれぐらい打たれているか、知っていますか。今日も対戦しますけどどうしますか、新しい作戦に変えますか」

そう言いながらデータを見せると、コーチも最後には、「分かった。サトの思うようにやればいい」と言うしかなかったのです。

感情で責めるのではなく、理詰めで行く。そうすれば、たいていの交渉は勝ちです。

35

なぜ超一流の選手はケガを押してでも出場し続けるのか

チャレンジして「自分が失敗」するほうが、「代役が活躍」するよりも断然マシ

上司から、「この仕事、誰かやってくれないか?」と言われたとき、まっさきに手を挙げていますか?

才能がないのに一番になりたいのなら、そういう場面で「やらせてください!」と手を挙げるしかありません。

「他の仕事が忙しいし」「まだそこまでの実力がないし」なんて言い訳している間に、他の人が手を挙げたらせっかくのチャンスが逃げてしまいます。

僕からすると、そこで手を挙げない人のほうがよっぽど勇気がある。そこでチャレン

ジしない人のほうが、ある意味すごいな、と思います。

チャレンジしなければ何の成果も出せません。そして、成果が出なければ、いつまで経っても評価なんてされないはず。つまり、「僕を評価しなくていいですよ」と言っているようなものなのです。

どうせ誰かがやる仕事なら、自分がやったほうがいい。他人に任せたらその人のチャンスになってしまいますが、自分がやれば自分のチャンスにできます。

僕も1軍に定着したばかりのころ、膝をケガして手術までしましたが、すぐに復帰して強行出場していました。**僕が休めば、それだけ代わりのキャッチャーの出場機会が増える。**レギュラー争いをしているときに、自分のチャンスを減らして相手のチャンスを増やしていては、ライバルに負けてしまいます。それだったら痛くても出場して、ちょっとでも結果を出したかったのです。

イチローさんや大谷選手のような一流選手だって、「彼がケガでいないから、今日の試合は中止します」なんてことは絶対にありません。会社でも「この企画、あなたがやらないなら中止する」ということはないでしょう。

だから、新しいことにチャレンジしない人を見ると、僕は「**勇気ありますね。せっかくのチャンス、拾わないんですか？**」と聞いてみたくなります。

みんな受け身のチャンス待ちですが、僕は攻めてのチャンス待ち。黙って待っていたら、巡ってくるチャンスは圧倒的に少なくなります。

絶対に勝てるとき、うまくいくと分かっているときにしかチャレンジしないのでは幅も広がりませんし、自分の引き出しも増えません。一番になるには、あらゆる場面でチャレンジし続けることが大事なんです。

確かに、新しいこと、やった経験のないことにチャレンジするのは、失敗するリスクが大きいものです。僕もトレーニングやバッティング技術などで新しいことを試して、結果につながらなかった経験はあります。

でも、**自分が失敗したら「どうしよう」より、人が成功したら「どうしよう」でしょう**。そのほうがヤバいよって僕は思います。

そもそも、失敗したことは、絶対にムダになりません。繰り返しになりますが、失敗した経験は選択肢になります。その選択肢を増やすために、チャレンジするんです。選択肢が増えれば、自分の武器が増える。相手や状況に合わせて使える武器が多いと、一番になれる確率が高くなります。

よく、結果だけではなく過程も評価するという話を聞きますが、いくら「こんなに頑張りました」と言っても、何も変わらなかったら評価なんてされません。プロ野球でも、いくらジムに通ってトレーニングしたって、試合で結果を出さなければ「ムダな努力ばかりしている」と言われるだけです。

その一方で、ちゃんと結果を出している人は「あいつは裏で、相当努力しているんだろうな」と、周囲が勝手に考えてくれます。結局、過程の評価は結果からの逆算でしかないんです。

いくら過程を努力したって、チャンスがあるときにチャレンジしなければ、評価は上がりません。それなのにチャレンジしないなんて、むしろその人は「何もしない勇気」があると思うんです。失敗するリスクがあっても、成功するチャンスがあるほうに賭けたほうがずっと気分的にも楽でしょう。

そう考えると、チャレンジするのは、むしろ簡単。チャレンジも、何回もしていれば慣れていき、いつか楽しめるときが必ず来ます。

36

「嫌いな人」をつくると自分が損をする

職場での対人関係に悩む人は、時間をムダにしている可能性大。
「興味なし」でうまくおさまる効率的思考

僕には嫌いな人がいません。

といっても、特別な修行をして、すべての人を認めるような広い心を持っているというわけではありません。

嫌いになるほど、相手に興味を持ってないというほうが正しいです。

僕の基準は、**好き、普通、興味ないの三つ**。

たいてい嫌いな人のことは、「あいつのこんなところが嫌だ」「この間、こんなことを言われた」とずっと考えています。嫌いなはずなのに、頭の中はその人のことでいっぱいになっているのです。

僕は、**好きでもない人のことでずっと考えているのは時間のムダや、**と思います。だから興味を持たないようにしているのです。そうすれば、その人は空気みたいな感じなので、まったく目に入りません。

それに、興味ない人が、何かのタイミングで好きな人にジャンプアップすることもあります。嫌いだと思っている人にも1パーセントぐらいはいいところがあるものです。嫌いな相手からも盗めるところはあります。

だから、仕事では人間的な好き嫌いはいりません。本音を言うと、僕は仕事ができる人が好きで、仕事ができない人は嫌いなのですが、人間的な好き嫌いとは関係ないので、普通につきあえます。

仕事の仲間は友達ではありません。嫌いな人をつくってしまったら、一緒に仕事しなきゃいけないときにどうすんの、って思います。

現役時代に意見が食い違って、先輩を怒らせたことがありました。

僕は相手が大先輩であっても、おかしいと思ったらおかしいと言っていました。相手も相手なりの考えがあるので、自分の意見は譲らない。激しい言い合いになったこともあります。自分に絶対的な正義があれば、相手が誰であれ、自分の信念を曲げてまで「はい、分かりました」とは言わなかったんです。

ムリに相手に好かれようとは思っていなかったので、「どうなっても知りませんからね？」と喧嘩別れに終わることもあります。

仕事で怒るとか、怒らないとか、普通にあるものでしょう。真剣に仕事をしていたら、意見がぶつかり合うのは当たり前。議論をしながらいい方向に導いていけば、それでいいのです。

「こんなことを言って、上司に叱られたらどうしよう」と思って意見を言わず、プロジェクトを成功に導かない態度のほうが問題です。

もちろん、正しいと思う代案は準備しておかなくてはなりません。

「このやり方じゃ、うまくいかないような気がします」なんて言われたら、そりゃあ上司も「気がしますって何だ！　自分でそう感じているだけやろ」と突き放します。

上司を説得するだけの材料を揃えておいて、それから意見をする。そうすると、言った側には責任が生まれるので、真剣に相手に伝えようと思うわけです。

でも、**実は僕も信頼できる相手としか議論していませんでした。**信頼できない相手だったら、相手に意見するのは時間のムダだから、相手が見ているところだけ言われた通りにやって、見えないところは好き勝手やっていました。上司が見ているところなんて、しょせん少ないですから。

冗談が利くような相手だったら、日頃から飲みニケーションのように趣味を合わせてコミュニケーションをとっていました。普段は冗談を言いあっているような仲のほうが、「僕はこう思うんですけれど、どうですかね」と意見しやすくなります。『釣りバカ日誌』のような関係を普段からつくっておけば、何でも言いやすいし、言いすぎたとしても関係は修復できます。

日常会話も交わさないのに、いきなり意見を言ったら、「なんや、楯突いてるのか」みたいな感じになります。そうならない準備も日頃からしておきましょう。

37 負けてもいい、と考える

たとえ晴れの舞台でも、気負う必要はゼロ。
鋼の心を持たなくてもプレッシャーから解放されるリラックス思考

オリンピック選手が「日の丸を背負って戦います」的なコメントをしていると、僕は「**いやいや、全国民が応援してくれているわけではないよ**」と言いたくなります。

少なくとも、その選手が選ばれるために、落とされたライバルはいるはずです。ライバルの成功は、自分の地獄。ライバルにとっては、相手が負けてくれたほうが自分にチャンスが巡ってくるのだから、心の底から応援してないんじゃないかなと思います。

ひねくれていると思われるかもしれませんが、社会はそういうものじゃないでしょうか。

たとえば、ビール業界でどこかの会社が一人勝ちしていたら、他のビールメーカーは自分たちの売り上げがよくなってほしいので、「負けろ」と考えるでしょう。世の中は競争社会だし、競争というのはそういうものです。

僕は自分がオリンピックの選手に選ばれたときも、日の丸の重みなんか感じなくて、喜びしか感じませんでした。世界の強豪と戦えるんやな、という喜びです。

全国民が応援してくれていると思ったら大間違いで、ライバル選手やライバル組織の人たちは「負けろ」と願っているかもしれません。そう考えると、いつも通り自分と、自分を応援してくれる人たちのためだけにやろう、と思えました。

これは、僕流の自分が楽になるための考え方です。わざわざ普段以上に多くの重荷を背負い込む必要はありません。真正面から「プレッシャーに打ち勝つためにメンタルを鍛えて……」なんてやっていたら、鋼《はがね》の心を手に入れるまで何年かかるか分かりません。

北京五輪のアジア予選で、韓国戦の前日の練習中に青木宣親《のりちか》が「このまま打てなかったらどうしよう」とポツリと言いました。確かに、青木はフィリピン戦でも全然打てずに、調子が悪かったのです。

そのとき僕は、「日本の左バッターでお前より優れたバッターはおらへんやん？　もしお前が結果を出せなかったとしても、誰が責められる？　思い切って全力でやりゃあええやんか。**全力でやって、負けたら負けたでしゃあないやろ**」

そんな言葉をかけると、青木はホッとした表情をしていました。ところが、そばで聞いていた宮本慎也《しんや》さんが、「サト、負けてもいいってどういうことだ！　そんな気持ちで戦っている選手はいらん。星野監督にはずしてもらう！」と怒りだしたのです。

もちろん、僕も負けてもいいなんて本気で考えているわけではないので、このときは言い争いになりました。

勝負が始まる前から、「負けたらどうしよう」なんて考えている時点で、気持ちで負けています。その気持ちを変えるために言ったんですが、宮本さんには分かってもらえなかったようです。

絶対に勝つ、と言って勝てるならばこれほど楽なことはありません。

「負けたらしょうがない」で勝つのも、自分の力を引き出す戦略としてオッケーでしょう。

第4章

「下剋上」できる組織のつくりかた

38

シーズン３位のチームが大風呂敷を広げながら、ついに日本一まで達成。
その背景にあった知られざる「費用対効果バツグン」思考

「有言実行」は、ノーリスク・ハイリターン

「史上最大の下剋上を見せます！」

これは、２０１０年に、シーズン3位でクライマックスシリーズのファーストステージを勝ち抜いたときに、僕がぶち上げた目標です。

パ・リーグ優勝決定戦のクライマックスシリーズ（ＣＳ）は、シーズン上位３チームで争います。今まで3位だったチームが優勝したことはありませんでした。優勝するのは1位か2位のチームだけ。だから、３位は戦う権利はあっても、その時点で負け確定のような雰囲気がありました。

だからこそ、僕はあえて「3位だけど、優勝しますよ」と、下剋上をファンのみんなの前で宣言したのです。

結果、ロッテはクライマックスシリーズを勝ち抜いて日本シリーズに出場することになりました。そして、その勢いのままセ・リーグ首位で勝ち上がってきた中日を倒しての日本一。いまだに、クライマックスシリーズ3位出場からの日本一は、このときのロッテだけです。

僕は、有言実行を重んじます。

日本人的には、「不言実行のほうが武士道精神みたいでカッコいい」「男は黙って結果を出すもんやろ」みたいな感覚があります。

しかし、あえて僕が有言実行する理由は、宣言して達成したほうが、得られるリターンがとてつもなく大きいからです。

大きな目標は周りに言わずに成し遂げても、それなりに反響はあります。

でも、言って成し遂げたときの反響のほうが、絶対に大きい。

「すごいね!」という賞賛に、「あいつ、本当にやりやがった!」という驚きも加わるから、自分の評価が急上昇です。

「史上最大の下剋上」も宣言せずにやっていたら、今なおファンの皆さんに語り継いでいただけるほどの盛り上がりになっていなかったかもしれません。

不言実行はローリスク・ローリターンです。目標を言わなければ、誰もそれを知らないので、結果が出なかったとしても「なかったこと」にできます。プレッシャーもかからないし、できたときだけ周りから褒められる。リスクはめちゃくちゃ低い方法です。でも、その代わりにインパクトが弱いので、リターンも少ない。

一方で、**有言実行はローリスク・ハイリターンです。仮に実現できなくても、みんな1カ月前や1年前にその人が何を言ったかなんて、ほとんど覚えていません。**ローリスクどころか、**ノーリスク**と思ってもらってもいいかもしれません。

さらに、有言実行にはチームやファンの結束力を高めるという、集団にとっての計り知れない効果もあります。高い目標を達成するには組織のメンバー全員の意識を一つにしなくてはなりません。

そこで必要になるのが、キーワードです。僕は「下剋上」というキーワードを使って、「**二つの効果**」を狙いました。

一つは、「またサトがバカなこと言ってるわ」とみんなに思わせて、リラックスさせること。

「下から勝ち上がったチームは失うものは何もないやんか。勝ったらラッキーや」とも言って、みんなのプレッシャーをやわらげていました。

もう一つの狙いは、口に出すことでそれを実現させようという言霊《ことだま》効果です。

このときのCSのファイナルステージは、シーズン首位のソフトバンクと、相手の本拠地である福岡ドームで対戦しました。当然、球場の応援はソフトバンクが圧倒的。しかもソフトバンクに先に王手をかけられ、ロッテは3連勝するしかない崖っぷちに追い込まれていました。

そこからでもプレッシャーに負けずに一戦一戦勝利を重ねられたのは、「史上最大の下剋上」宣言が効いたからだと思います。

自分のためにも、組織のためにも、「言ったもん勝ち」なのです。実現できなかったときのことを考えるより、実現したときのメリットを考えたら、やってみようという気になりませんか？

39

バカな組織は「即戦力」という無理な重荷で、有能な新人をダメにする

プロ野球界とビジネス界に共通する「人材育成」の勘違いとは

野球チームでも会社でも組織を強くするためには、優れた人材を集めることが大切です。けれども、すべての人材が即戦力として活躍できるわけではありません。

よくプロ野球では、ドラフト上位で華々しく入団した選手に「即戦力になる」などと言って、そのチームの命運を預けるほどの期待をする傾向があります。それについて、僕は以前から、かなり冷ややかな見方をしています。

若くて才能のある人材がプロになって活躍するのは、とても素晴らしいことです。

しかし、ルーキーイヤーに活躍できる人は、ごくわずか。強者《つわもの》揃いのプロ球界で、1

年間、体力・気力が必要ななか結果を残すのは、所属チームの戦力にもよるし、かなり難しいのです。

そもそも、何の実績もない〝新入選手〟に期待するチームのほうがどうかしていると思います。新入社員にそこまで期待する企業は、まずないでしょう。

甲子園や大学野球で大活躍した選手でも、プロで成功するかどうかは未知数です。現役時代、キャンプで新人の球を受けたこともありますが「こいつ、すげえな」というスーパールーキーに出会ったことは一度もありませんでした。あの江川卓《すぐる》さんだって、ルーキーイヤーは9勝10敗の負け越しで、新人王を逃しています。

以前、僕はロッテが過去20年間のドラフトで、入団の10年後にチームの主力として残っている選手を何人獲得できたかを調べてみたことがあります。

そうすると、その年のドラフト指名選手が4人でも10人でも、10年後にチームの主力として活躍している選手は一人か二人という年が多く、場合によっては一人も残っていませんでした。

プロ野球で、ドラフトで選ばれてプロになれるのは、野球選手のなかでほんのひと握りです。

就活でも、今の時代は内定をとるのが大変だという話をよく聞きます。

何十社受けても落とされ続けている人もいれば、複数の会社から内定をもらえる人もいる。そうやって就活を勝ち上がってきた人が、自分は能力があると思い込んでいても不思議ではありません。

そんな若者たちが、雑用や先輩のお手伝い程度の仕事に嫌気がさして、「早く大きなプロジェクトを任せてほしい」と考える場合もあるでしょう。

けれども、会社が考える「即戦力」は、いきなり重要なプロジェクトを任せられる人材ではないはずです。どちらかというと、イチから対人マナーを教えなくてもいい人や、コミュニケーションをきちんと取れる人を探しているんじゃないでしょうか。

将来有望だと思っている人を、出世に近い部署に配属させることはあっても、やはり最初は小さな仕事から。それを納得しない新入社員がいるのなら、上司が分からせてあげないといけないのだと、僕は思います。

小さな仕事を積み重ねて、確実に結果を出していくことの重要さ。それが10年後につながるというヴィジョンを上司は持たせてあげないといけないのです。

僕は、ケガをしてリハビリをしている若い選手に、「今の出遅れは関係ない。10年後に自分がチームのどの位置にいて、どう活躍するかをイメージして、今を過ごすのが大事なんだ」とアドバイスしていました。

この「チーム」は、「会社」にも「部署」にも当てはまるでしょう。

実際、勝てるチームには10年以上のベテラン選手の存在が大切です。若手選手のほうが、確かに筋力も瞬発力もあります。でも、勝負どころでの駆け引きや、追い込まれたときのプレッシャーに強いのはベテラン選手のほうです。そこを目指して、今から積み上げていくのだと、若手には教えてあげるべきです。

今の一番を目指すより、10年後の一番を目指すほうがはるかに大事。

上司はそうアドバイスして、そのときにやるべきことを示すと、部下は焦らず目の前のことにじっくりと取り組めるようになります。

40

結果を出せない選手を、僕は厳しい言葉で責めることもあった。成長を加速させる意識づけ

「自分は社長」という意識を持たせると、人は伸びてくれる

ロッテにいたときは「このチームはオレを中心に回っている。里崎マリーンズや」とひそかに思っていた時期もありました。

そう考えていたから、周りから見たら「やりすぎだ」と思われたかもしれませんが、チームをよくしたくてあれこれ口出ししていたのです。

「自分のチームだ」と思うのは、実は結構大事なんじゃないかと思います。

プロ・社会人は結果がすべてです。そう言われているにもかかわらず、「頑張った」というプロセスを自慢する人や言い訳ばかりをする人が多いのはなぜでしょうか？

僕は、**結局その人たちは自分を単なる組織の一員、一つの駒《こま》だとしか思っていないいんじゃないかな**、と思います。

もしもあなたが社長だったとして、会社を倒産させて社員を路頭に迷わせてしまったら、「私はこんなに努力して頑張った」と主張して、誰が同情してくれるでしょう。

頑張るのは、誰でも普通にやっていること。人間が呼吸するのと一緒です。だから、僕はいつも「頑張らなくてもいいから結果出してくれ」とチームでは思っていました。

結果を出せない選手を僕がボコボコに言葉で責めていると、「サト、あいつも頑張ってんだから、そこまで言わんでも」と周りが止めることもありました。

そんなとき、「みんな必死でやってるのは同じでしょ。必死でやってないヤツがいるんだったら呼んできてくださいよ」と、僕は返していました。すると、みんな黙ってしまいます。

みんなが頑張っているのも、必死でやっているのも分かっています。それだけでは結果が出なかったのだから、「頑張ったけどダメだった」で終わらせないでくれ、と僕は思っていたのです。

ビジネスマンで、3日間徹夜で頑張りました、でも契約は取れませんでしたという人がいたとします。僕が上司だったら「お前が3日間頑張ったことが、何か評価されると思ったら大間違いだぞ」と言うでしょう。もちろん、「成果が上がるまでもっと働け」というブラック企業的な意味とは正反対で、それだったら毎日23時間寝てもいいから成果を出してくれというのが上司の本音です。

僕のこの考えを、厳しすぎると思う人もいるかもしれません。

多くの上司は、「一生懸命、営業をかけたんですけれど、ダメでした」と部下に言われたら、「そうか、次は頑張れよ」で済ませるでしょう。

でも、**それでは勝てるチームにはなりません。精神論で終わらせている限り、「頑張った」「頑張りが足りなかった」のやりとりが繰り返されるだけです。**

僕なら、「結果が出るように、やり方を変えないとダメだ」と伝えます。

ロッテを31年ぶりの日本一に導いたボビー・バレンタイン監督は、その日の対戦相手の傾向や特徴を考えて、「結果を出してくれる人」をスタメンに選んでいました。「今日この試合で打ってくれるのは誰なのか?」で、打順も決まっていたんです。

それはつまり、頑張っていても結果を出していない人は選ばれないということ。その采配《さいはい》でロッテは日本一になれたのです。

プロ野球チームは、チームでありながら選手一人ひとりが自分という小さな会社の社長として自立しているようなものです。大企業であるチームと個人事業主が契約をして野球をしているというイメージです。

野球選手の場合、報酬はチームへの貢献度によって決まるし、一度契約したら一生を保証されるなんてことはありません。すべては結果次第。成果を出さなければ、報酬を下げられたり、契約を打ち切られることもあるわけです。

もちろん個人の成果だけでなく、チームの成績にも貢献しなければいけませんから、プロ野球選手は小さな会社の社長同士が連帯しているようなものなのです。

チームが強くなるためには、こうしたプロ意識を持った人が多ければ多いほどいい。

会社でも、部下の一人ひとりを独立した小さな社長として扱うようなつもりになれば、みんながチームのことを「自分事《じぶんごと》」として真剣に考えるようになるはずです。

41
人を育てるためには「塩・コショウ」であれ

ピッチャーの欠点はひと目でわかるけど、矯正は後回しでいい。

部下をうまく育て上げるためのマネジメント思考

強いチームをつくるために、何が真っ先に必要か。

まずすべきなのは「人をつくる」ことでしょう。部下の指導や育成は避けては通れない問題です。

では、どのような指導、育成方法がベストかと聞かれても正解は一つではないと思うし、人によっても違います。

僕自身が後輩を指導するときに常に心がけていたことは、次の二つです。

1 悪いところは見ないで、いいところを探すこと
2 指導者は「塩・コショウ」になること

1は、簡単なようで、ひじょうに難しいことです。

なぜなら、**多くの人がいいところを探すのに慣れていない**からです。僕たちは、子供のころから勉強でもスポーツでも苦手なことを探して、それを直すように頑張るのが大切だと教えられてきました。だから、つい苦手なことや悪いところに目が向いてしまいます。これは日本の教育の一つの問題でしょう。

ためしに、家族や同僚など、周囲にいる人のいいところを10個挙げてみてください。恋人や奥さんに「私のどこが好きなの?」と聞かれて、即答できなかった苦い経験がある人もいるのではないでしょうか。

逆に、悪いところを10個挙げろと言われたら、たぶん誰でもすぐに書けます。世の中の奥さまたちの共通の話題が旦那さんの悪口というのも納得できます。

それぐらい、相手のいいところを見ていないのです。

上司の立場で考えると、欠点を探しているほうが、指導をしているような感覚になって楽です。でも、それは長所を見るのが下手だと言っているのと一緒です。

まず部下のいいところを探して、それを伸ばしまくることを考えなくてはいけません。短所を直すのはその次。どうしても悪いところから直そうとしてしまいがちですが、そこをグッとガマンするのです。

欠点ばかりを指摘して「悪いところを直せ」「欠点を克服しろ」と言うのは、一番ダメな指導者です。悪いところを指摘するのは、実は誰にでも比較的簡単にできることで、**キャッチャーはピッチャーの悪いところなんかは一発で分かります。でも、まずそこを見ても前進がないので、僕はとりあえず欠点は放っておいて、いいところを探すようにしていました。**

指導者が悪いところばかりを指摘するのは、自分のほうが上に立ちたいという気持ちもあるのかもしれません。しかし、それは部下の指導のジャマになります。とくに指導者がそれでいい仕事をしているとカン違いしてしまうと、部下のモチベーションは下がりっぱなし。一番のチームになるどころか、最下位のチームになる可能性大です。

2については、肉を料理するようなものだと考えてください。

僕も料理を作るのですが、どんなに上質で高い肉でも調味料ゼロではおいしく食べられません。かといって、使いすぎると、せっかくの肉が台無しです。素材を引き出すもっともよいさじ加減を探すことが大切です。

素材が素晴らしければ、なるべく手をかけず、軽く塩・コショウをパパッとかけて食べるのが一番です。調味料をかけすぎたり、手を加えすぎると素材の持ち味をなくしてしまいます。

ただし、常に最高の素材を手に入れるわけにはいきませんから、素材に合わせて手を加えることも必要です。タレに漬け込んだりすることもあれば、じっくり煮込んでおいしくなる肉もある。素材の特長を見極めて料理をすれば、最高級肉に勝るとも劣らない味に仕上げることができます。

部下を育てるのも同じで、僕は最高にいい素質を持った人には、あえて極端な味付けをせず、そのままやらせてみるのも指導方法の一つだと思います。

指導者は塩・コショウとして素材の良さを引き立たせる役目に徹するのです。そこで自分流にアレンジしようとしたら、たちまちその人のいい部分は崩れていきます。

だから、部下を伸ばすのもつぶすのも、上司次第。いい部下がいないと思うのなら、もしかしたら自分のさじ加減が悪いのかもしれません。

42

上司と議論できる組織は一番になれる

監督のボビーと何度も口論になったけど、わだかまりはゼロ。
チームの勝利を目指すためには避けられない問題解決思考

上司や先輩の意見に対して、「それは違うんじゃないか?」と感じたとき、皆さんはどうしていますか。

空気を読めない新入社員のころは、「そのやり方だと時間がかかりますよ」と言ってしまって、**「うちではそういう決まりなんだよ!」と一喝《いっかつ》されて終わり**、という体験をしているかもしれません。「そういうの」が積もり積もると、不満や疑問があっても黙って従うようになるのでしょう。

これは一番になれないチームの典型です。

上司や部下との風通しが悪く、お互いに不満や疑問があっても何も言わないチームは、勝てるようにはなりません。なぜなら、問題点を解決できないからです。

本当はもっといい方法があると分かっているのに、誰も何も言わない。そんなチームは一番になれないどころか、内側から崩壊していくでしょう。

スポーツの世界は厳格なタテ社会で、先輩・後輩の関係は絶対だというイメージが強いかもしれません。

確かに、僕も大学時代は先輩たちから、理不尽な目にあったことはたくさんあります。夜中の3時に叩き起こされて、「酒のつまみをつくれ！」なんて言われたこともありました。そういうときは、眠い目をこすりながら食堂に行ってソーセージを焼いたり、スクランブルエッグをつくったり、新婚さんのようにかいがいしくお世話をしたものです。

でも、4年になったとき僕は、そういった悪しき習慣を後輩にさせることはしませんでした。そんなことにムダなエネルギーを使うぐらいなら、好きなことをしていたいと思ったからです。

昔から、日本では目上の人を敬い、持ち上げるのがいいとされてきました。いわゆる「長幼の序《ちょうようのじょ》」というやつです。この言葉は、年少者は年長者を敬えという意味で使われますが、その続きがあって、年長者は年少者を慈《いつく》しまなくてはならないのです。それをできている上司はおそらく少ないでしょう。

上司や先輩の言うことは何でも「はい」と聞くのが当然だと思っている人もいますが、僕は必ずしもそうではないと考えています。自分の意見をはっきり言うことができなかったり、自分の意見を持っていないのは、社会人としてよりも、一人の大人として恥ずかしい。相手が目上の人であっても、言うべきことは言わなくてはなりません。

一番になれるチームも同じです。

千葉ロッテの選手時代、ボビー・バレンタイン監督とは、リードの手法や送球のやり方について、何度か口論になったことがあります。

「なんでバッターが高めのストレートに弱いと分かってるのに、そこへ投げさせないんだ」と怒られたときは、「(小林)宏之は高めに強いストレートを投げるのが苦手だからです。苦手なことをしてカウントを悪くするより、宏之には他にいい球がたくさんあるんだから、スライダーやフォークを使って、うまく抑えたほうがいいでしょう」と僕も主張しました。ピッチャーのクセや得手不得手については、監督より僕のほうがずっと詳しいという自負があったからです。

それでもボビーは譲らなかったので、宏之に高めのストレートを練習させてくださいと言いました。すぐにはできませんでしたが、練習を重ねて宏之はそれを身につけました。僕としても言いたいことを言っていたので、わだかまりは全然残りませんでした。むしろ、お互いの意見をきちんと戦わせたことで、僕とボビーの関係はとてもよかったと思います。

自分の仕事に真剣に取り組んでいればいるほど、自分なりの考えや信念がそれぞれに生まれるのは当たり前です。それゆえに意見が対立することもあるでしょう。

でも、**議論をする目的は相手を言い負かすことではありません。よりよい結果を求めたり、お互いの理解を深めたりするためにするのが議論です。**よくないのは、議論とケンカがゴチャゴチャになってしまうこと。相手の性格を責めるのではなく、行動や問題点を話し合わないと前に進めません。

僕と監督の間でも、お互いに譲らず、意見が対立したままで終わったこともありましたが、監督の言っていることは理解できたし、監督も僕の意見を理解してくれました。

そして、それは間違いなくチームにいい影響を与えていたと思います。

43

選手の味方を気取った〝無責任〟なコーチもいる。
本当に部下を育て、チームを最強にするための伴走者的思考

「オレが責任を取る」という人は信用するな

僕は、責任という言葉を使う人が一番嫌いです。

「オレが責任を取る」というのは、僕が絶対に使わないようにしている言葉の一つです。

だいたい、この言葉には続きがあって「俺が責任を取るから、俺の言う通りにやれ」とか、「俺が責任を取るから、お前が思った通りにやれ」なのですが、こう言われた瞬間に、この人は信用できないなと感じます。

「いやいや、あなたは責任なんか取ってくれないでしょ？　そもそも取れないでしょ？」と思ってしまうのです。

責任という言葉を使う人は、責任という言葉が大好きです。好きだけれども、自分が責任を取らないように話を持って行きます。責任から逃げるのです。本当に責任を取る人は、そんな言葉は使いません。

そもそも責任なんて、そんなに簡単に取れません。

責任を取るというのは、野球界なら年俸を保証することか、クビにさせない保証になります。

ビジネスマンなら昇進や評価に影響が出ないようにすることなのでしょうが、そんなことができるのは相当な権限を持つ人だけです。

コーチや上司が「俺が責任を取って辞める」「責任を取って謝る」と言ったところで、辞めてもチームの利益にも部下の利益にもなっていません。だいたい、上司が責任を取って辞めるような事態になったら、部下も無傷ではいられないでしょう。

実際には、「上司のお前が言った通りにやったのに成績が下がって、何で部下の俺だけクビやねん」というのが、野球界ではまかり通っています。

そもそも、部下の失敗を上司が謝るのは当たり前。

プロジェクトが失敗したときやミスが起きたときにリーダーがいの一番に頭を下げることは、最初からリーダーの職務に含まれている仕事だし、その分高い給料をもらっています。

だから、「それは俺らの責任を取ってくれているわけじゃなくて、最初からついているあなたの職務ですよね。それを含めての立ち位置ですよね」と僕は思っていました。それをあたかも特別なことのように、「俺がお前たちを守ってやる」みたいに言われても、まったく響きませんでした。逆に、どういう方法であれ、成功させてくれれば響きます。

料理人が安全なおいしいものをつくるのは当たり前。もし食中毒をおこしたら、謝るのも店を閉めるのも当たり前です。でも、お客さんの苦しみや被害を消すことはできません。

僕は、自分以外で責任を持てるのは家族だけやと思っています。

家族は唯一無二の存在で、運命共同体でもあるので、お互いに責任を取れます。**片一方しか取れないのは責任ではないでしょう。**

野球界では、本当によくその言葉を聞きました。責任という言葉を聞くたびに、「自分を大きく見せたいのかな」と僕は思っていました。

責任を取って辞めると言った人に限って、いざそういう場面になると、「自分には辞めない責任があるんです」とか言い出すのです。

「どんな責任やねん」と、僕は心の中でツッコミを入れていました。

僕がリーダーとして部下や後輩の選手に言うとしたら、「一緒に頑張っていこう」です。

「この問題を一緒に考えて解決していこう。俺は何があっても最後まで一緒に頑張っていくから」と言います。

社長が会社を倒産させてしまったら元には戻せないし、医者は助けられなかった患者を生き返らせることはできません。自動車事故でも、受注ミスでも、起きてしまったことを元には戻せません。

大事なのは、そのときに最後まで逃げないでできる限りの対応をすること。

リーダーにできるのは、どんなに批判をされようが恨まれようが、最後まで投げ出さずにチームをまとめていくことだけでしょう。

リーダーが逃げなければ、部下だって逃げるわけにはいきません。全員に逃げない覚悟があれば、まちがいなく最強のチームになります。

44

部下や後輩への助言は、相手が聞く姿勢になっていることが大切。
僕がワンバウンドのボールを止められるようになった、名コーチの先回り思考

絶妙なアドバイスには、「絶妙なタイミング」がある

皆さんは、相手のことを思ってアドバイスをしたつもりなのに、期待したほど効果がなくてがっかりしたことはありませんか？

・アドバイスしたことが身につかず、何回も同じミスを繰り返してしまう
・何を言っても拒絶反応。人の話を聞いてくれない
・アドバイスを理解していないのか、いつまで経っても成長してくれない

これらは、「上司あるある」かもしれません。

会社の上司と部下、夫婦の間、親子、友人、同僚など、あらゆる人間関係において、こういう問題でイライラすることがあります。

それは多くの場合、アドバイスする側に問題があります。**助言や指導をするタイミングが間違っているか、教える側のやり方を一方的に押し付けてしまっているから**だと思います。

誰にでも「聞く耳を持つ」タイミングがあります。そのタイミングを外さないようにしないと、何を言っても相手に届かない確率が高くなるのです。

失敗して落ち込んだり、頑張ってもうまくいかないときなどは、ちょっとした言葉でもよく響いて心に残るでしょう。

それは、聞く人の受信力が高くなっているからです。反対に、受信力が低いときは相手が聞く耳を持っていないので、やみくもに助言や指導を与えてもまったく響きません。

上司は、相手が今、聞く耳を持つタイミングなのかどうかを見極めてから指導をしなくてはならないのです。

たとえば、上司としては、部下を思って、失敗しないで済む方法を教えたくなるものです。けれども、失敗する前から、ああでもないこうでもないと言い続けていると、部下がうまくいかないことへの言い訳になってしまいます。

だから、最初は見ているだけでいいのです。好きなようにやらせて、うまくいかなくなって、もう困りきったタイミングで「どうする？　オレのアドバイスを聞いてみる？」と手を差し伸べたら、相手は聞く体勢になれます。

ただし、そのときに指導する側のやり方を強引に押しつけてしまうと、逆効果。失敗したときに、「いや、僕、言われた通りやったんで」と言い訳になります。

だから、僕はいくつかの選択肢を与えて、そのなかから自分で選ばせるようにしていました。

僕の現役時代のコーチの山中さんの指導方法もこれでした。先に述べたワンバウンドを止める練習のときも、外国人選手のように足を広げて構えるべきか、逆に足を狭めるべきか、いくつか方法を提示したうえで「一番やりやすい方法でやってみろ」と言われたのです。ピッチャーが実際に投げるボールをひたすら捕るなかで、自分で試行錯誤して感覚をつかんでいきました。

山中さんは「何をするか決めるのは選手なんだ」とよく仰っていました。方法はA、B、Cがある。Aをやりたいなら、それを追求すればいい。もしも、うまくいかなかったらBを試せばいいじゃないか、というのが山中さんの考えです。

コーチの仕事は選手に合うようなA、B、Cの選択肢を提案することです。このA、B、Cをうまく考えて選手に見せるのがコーチの腕前と言えるのかもしれません。

常にプランB、プランCを考え、用意しておくのが上司の役割なのです。

45

嫌いな人をつくらない秘訣は「傲慢」になること

苦手な同僚を拒絶していては、自分が損するだけ。仕事を円滑に回すためのナイショの対人関係克服法

チームで仕事をしていると、人間関係のトラブルはつきものです。

「こういうタイプ、苦手だな」「なんとなく気が合わないなあ」と思う人は、誰にでもいるでしょう。

プライベートなら、そういう相手とは付き合わないこともできますが、職場や仕事関係ではそうもいきません。

でも、僕の考えでは仕事関係で嫌いな人をつくると百害あって一利なしです。なぜなら、**嫌いな人をつくって拒絶してしまうと、その人のいいところが盗めなくなるからで**

す。

誰にでも1パーセントぐらいは、いいところがあるものですが、相手を嫌いだと思うとその1パーセントのいいところは見えなくなります。少々虫の好かない相手でも、いいところがあったら全部盗むほうが得だと思いませんか?

仕事とスキルは盗んだ者勝ちです。

他人のいいところをマネして、いかに自分流にアレンジしてオリジナルにできるかが勝負です。いい仕事ができる人は、自分にとっての教材みたいなものですから、お手本にできそうなことは何でもマネしたほうがいい。

そして、**互いに盗めるようなチームは間違いなく一番になれます**。その理由は、互いに認め合っているからです。

嫌いな人をつくれば自分のスキルアップの妨《さまた》げになるし、チームの足並みも揃いません。だから僕は嫌いな人をつくらないようにしているのです。

では、どうすれば嫌いな人をつくらなくてすむかというと、傲慢《ごうまん》に思われるかもしれませんが、あえて炎上覚悟で言ってしまいます。**これは絶対に他言しないでください。**

この部分だけ、袋とじにしたいぐらいです（笑）。

それは、**すべての人を自分と同等か、上に見ないようにすること**。**要するに、自分が一番だと思うのです**。相手が自分より下だったら、眼中になくなるので、まず嫌いになることはありません。

自分と同等か上に見ていると腹が立つことも、下に見ていれば、必要以上にむかつきません。自分が大人になって「仕方ないなあ、じゃあどうやって対処してやるかな」くらいにしか思わなくなります。もちろん、これは心の中でこっそり思うことで、実際に口に出して言ってしまったらおバカさんです。

対等に行こうとするから腹が立つのです。部下に何回教えても仕事を覚えられなかったとしても、下に思っていたら「まあ、そんなもんだよね」と流せるでしょう。

そんな風に考えているので、誰かが僕のことをあんまり好きじゃないとか、僕の悪口を言っていると聞くと、「**えっ、俺はあの人に同等、もしくは上に見られてるのかな**」と優越感が出ます。

そう思えるようになれば、チーム内で対立することは、ほとんどなくなります。

これが僕の人間関係の克服法です。ムリに「相手を好きになろう」と思うより、ずっと気分的には楽になります。

ここで大切なのは、**見下すことと否定することは違う**という点です。

下に見ている人からでも、優れた部分は盗んだり吸収したりして、自分のものにすることはできます。よほどひどくて見習うところがなければ、反面教師として、「こういう人にはならないでおこう」と思えばいいだけです。

相手がどんなに実績がある人でも、仕事関係でムカつくことがあったら、「分かってないなぁ、実績があっても、こんな程度か」と考えるのです。そうしたら「じゃあ、仕方ないから助けてやるか」という気持ちになって、仕事で手助けする気になれます。

そこで、「あなたのやり方は間違ってます」と指摘するほうが、相手を否定することになるでしょう。人間関係は、いつもいつも直球勝負がいいとは限りません。

そもそも仕事場は学校でもコミュニティでもありませんから、ムダに嫌われる必要はありませんが、無理に好かれる必要もない場所です。僕は派閥をつくったり、和を考えるようなタイプではありませんでした。仕事場は友達をつくりに行く場ではないからです。

チームメイトはビジネスパートナーです。だから、孤立しても仕事をして会社に貢献していればいいわけです。

「職場ではプロフェッショナルになろう」というのが僕の考え方です。

46

好調を全員で「シェアする」工夫が、勝てるチームを生む

バレンタイン監督は、勝ち試合に若手や控え選手をどんどん投入した。日本の常識の逆をいき最強のチームをつくった組織育成思考

チームが一番になるためにもっとも必要なのは、何か。

それは成功体験です。どんな小さなことでもいいので、チームで成果を上げたという成功体験がチームを強くします。

チームの連帯感は、チームで成果を上げることで高まります。

成果が出ていないときは、連帯感は生まれにくく、連帯感が乏《とぼ》しいから成果も上がらないという負のスパイラルに陥っていくのです。成功体験を積み重ねて、チーム全体で共有すると連帯感は生まれます。それで、次も頑張ろうという気持ちが生まれ、チーム

としての士気も上がるという好循環に変わるのです。

これはボビーがロッテで実践していたことの一つなのですが、**勝っている試合にベンチの選手をどんどん投入していました。**

極《きわ》めつきは2009年の広島戦で、1イニング15得点の日本記録をつくった試合です。このときも途中から代打・代走がバンバン出て、いろんな選手がかかわって記録を達成しました。14点目の犠牲フライを打ったのは、代打の田中雅彦選手。15点目のタイムリーヒットは、代走で入って打順が回ってきた、ベテランの堀《ほり》さんでした。

こうやってチーム全体で勝ちを共有することによって、連帯感が生まれ、選手の士気も上がるんです。途中から出た選手も、「俺も勝ちに貢献した」という実感を持てるので充実感が得られます。

日本のスポーツでは、負けているときに控えの選手を交代させて出す傾向があります。大差の負け試合で控えを使い、主力を休ませるのは必要です。でもそれだけだと、**選手が負けを共有するだけだから逆効果**だと、ボビーはよく言っていました。

負けを共有すると、負の意識が増えるばかりでチーム全体の士気が下がるし、選手も成長しません。交代で出場した選手は、どこかに「どうせ負けているのだから点差が開いても関係ないだろ」という気持ちがあって緊張感がなくなります。

そのうえ結果が出ないと、やり方が悪いとか、部下が悪い、上司が悪い、マネジメントが悪い、あんなやり方をしているからだ、あんなヤツを使うからだと文句が出るようになります。こうなると、連帯感どころかチームをまとめるのさえ難しくなります。

反対に、勝っているときは、たとえ10対0の大差で勝っていたとしても、このまま勝って試合を終わらせなくてはならないというプレッシャーのなかで戦うことになります。とくに途中から交代して出て行く選手なんかは、「俺がミスして負けたらどうしよう」という緊張感のなかでプレーするから、成長します。

この考え方は、スポーツ以外の、たとえばチームで一つのプロジェクトを達成させたり、売り上げ目標を達成したりするような仕事にも応用できると思います。

大事なのは、まずチームとしての成功体験をつくることです。

チームワークをよくするために自己紹介的な飲み会を開くのもいいですが、目に見える成果が出た後の飲み会のほうが、数倍盛り上がるでしょう。

そのためには、直接会社の利益にはならないようなことでも構わないので、必ず成功するような小さめの目標を設定してみるのです。

ゴミ拾《ひろ》いのボランティアに参加して地域に貢献するといったことでもいいと思います。みんなでマラソンにチャレンジするのもいいかもしれません。

小さな成功でも、みんなで喜ぶと一人ひとりの満足度も高まるし、成功を共有することでチームの連帯感も生まれます。

「このチームなら勝てる」という自信もつくでしょう。そういう盛り上がりがチームに勢いをもたらすのです。

確実に勝てる勝負を続けるうちに、みんなが成長したなという感覚になってきたら、だんだんと大きな仕事にもチャレンジできるようになります。

もし高い目標にチャレンジして失敗しても、このチームなら勝てるという感覚があれば、失敗の原因をチームで精査して成功に導くこともできるはずです。そのためにも、最初のうちに成功体験を重ねる仕掛けをつくってあげることが重要なのです。

47

チャンスが平等に与えられるチームは、最後にトップを走る

日替わりのスタメンで日本一を果たした「ボビーマジック」。
その肝こそ、選手全員の集中力を高めたモチベーション思考

ロッテを優勝に導いたボビーのチームづくりは、固定したレギュラー選手＋補欠選手という形ではなく、登録されている選手全員をダイナミックに交代させながら起用するというものでした。

だから、前日に大活躍した調子のいい選手でも次の日は出番がないということもあったのです。年によっては１２０通り以上のスターティングメンバーのオーダーがありました。これが「ボビーマジック」と呼ばれた采配です。

当時は、ベンチに入って1週間で1回も試合に出ない選手はいなかったので、みんな

が「今日、俺も試合出るかもしれない」と思って球場に来ていました。

ふつう補欠の選手は「どうせ試合には出ないだろう」と思って球場に来るので、その時点でモチベーションが全然違います。このときのチームは誰が出場するか分からないので、チーム全体に連帯感があったし、みんなのモチベーションが高い状態でした。

日本のチームに多いのは、レギュラーと補欠選手を固定するやり方ですが、そうやって戦っているとレギュラークラスとベンチの選手の力の差が開いてきます。そのため、ケガなどでレギュラークラスが出られなくなったときに、あたふたすることになるのです。

ボビーの方法は、レギュラークラスの出番は減りますが、若手にはチャンスが与えられます。

また、シーズン中でも、どの選手も適度に休養をとることができるので、ケガの防止にもなっていました。普段からチーム全体の底上げができているので、万が一、誰かがケガで出られなくなっても、すぐに代わりの選手が活躍できて、強さを維持できるというチームづくりになっていました。

特別な能力や才能を持った部下がいなくても、指導者の采配次第でチームを強くする方法はあるのです。ボビーは、その一つの形を見せてくれたのだと思います。

とにかく日本人には「常に全力を出し続けなければいけない」という強迫観念でもあるのか、競馬でいうところの「逃げ馬型」思考が目につきます。スタートから先頭を奪って逃げ切りを目指す方法論です。野球でも最高のメンバーで不動のラインナップを組み、すべての試合を勝ちに行くのが王道でしょう。

でもこれは強いチームならいざしらず、実力に劣る者が勝とうとするときには、真っ先に陥りやすい罠《わな》かもしれません。力が足りないんだから、最初から全力で戦う。バテるまで120パーセントを出し続ける。でも、それで勝てたら苦労しませんよね。

対照的だったのがボビーで、その方法は「追い込み型」。

ゴール地点で勝っていればいいのだから、そこから逆算してスパートをする。これが目標達成においては強いのです。

日替わりメンバーで戦ってシーズン中にチーム力を高めていったのもそうですし、もう一つ象徴的な出来事もありました。

２００７年のクライマックスシリーズで日本ハムと対戦したときのこと。日本ハムは、あと1勝したら優勝、対する僕らはあと2勝しなければいけない、という状況に追い詰められました。ロッテは、その年、エースの成瀬善久《なるせよしひさ》が16勝１敗と目覚ましい活躍をしていて、成瀬が今日の試合で投げたら1勝できると、誰もが思っていました。

ところが、ボビーは次の試合を頭に入れ、「明日ダルビッシュが投げるのなら、今日の試合を成瀬に投げさせて勝っても、明日ダルビッシュと投げ合える投手がいないので、負けてしまう。それだったら、今日は他の投手を使って勝ち、明日成瀬を投げさせて2試合勝ちにいこう」と考えたのです。

結局、その日は勝って、翌日のエース対決で負けてしまったのですが、よくよく考えたら、成瀬を温存した試合で負けていたら批判の嵐だったでしょう。

全力を尽くしたという外面を整えるよりも、トータルで勝つかどうかを考えるのが大事なんだと、そのとき僕は学んだのです。

48

「ツーベース」の数を増やそう

「誰もがちょっと頑張れば目指せる」がベスト。組織が目標を立てるときのお手本

チームの目標を掲げ、部下たちのモチベーションを上げてやる気にさせるのも指導者の役目です。野球なら「リーグ優勝」「ホームラン数リーグ1位」などが、よく目標に掲げられます。

けれども、最下位のチームやホームランを打ったこともない選手がいきなり優勝、ホームラン数リーグ1位と言われても現実味に欠けるし、実現する方法も分からないので目標にはふさわしくありません。

目標は具体的で実現可能なもの、達成できたかどうかが分かりやすいものでなければ

意味がないのです。去年、最下位だったチームの目標が「Aクラス入り（3位以上）」でも恥じることはないし、実現可能という点ではいい目標だと思います。

ボビーがある年に掲げた目標は、「ロッテを日本で一番、二塁打を多く打つチームにする」でした。

僕は、最初にそれを聞いたとき「ホームランじゃないの？」と思いました。打撃の目標ならホームランが当たり前だと思っていたからです。

すると、監督は続けて「ホームランはチームの目標にはそぐわない。なぜなら、打てる選手もいれば、打てない選手もいるから。打てない選手にとって、ホームランは最初から目標にならないからやる気にならない。**全員が狙えない目標は、チームの目標としては成立しない**」と言ったのです。

これを聞いて、僕はなるほどと納得しました。

それなら、スリーベースはどうか？　これも足が速い選手には狙えるけれど、足が遅い選手には狙えません。

ヒットは全員打てますが、４本打たないと1点入らないので効率が悪すぎます。

その点、ツーベースなら全員が打てます。しかもツーベースは、2本打てば1点入る。相手のミスを突いて狙っていけば、打ち出の小槌《こづち》のようにどんどん得点を増やすことも可能です。足が速かろうが遅かろうが、長打力があろうが、なかろうが、全選手が狙える目標でした。

監督は「これをチームの目標にする」と宣言しました。

そのシーズンが始まって、選手がツーベースを重ねて得点を挙げると監督が喜んでいるのが選手にも伝わります。

「おっ、ボビーが喜んでる！」となると、選手たちが目指すべき方向性は浸透します。ツーベースかどうかは、一目瞭然ですから、できたかできないかすぐに分かります。だから、選手もやりやすいのです。

そのシーズンは僕もツーベースが多かったし、2007年は、チームでも全球団の中で1位のツーベースの数を残しました。目標の意思統一ができたことで得点につながって、チームの攻撃力が上がったのです。

仕事でもスポーツでも、目標や理想を高くして努力するのがいいと言われます。

ちょっと背伸びするより、うんと背伸びする目標のほうが、人は成長すると信じているのでしょう。

しかし、特別な才能を持っている人ならまだしも、凡人があまり高い目標を目指すのは無理があります。明らかに達成できない目標は、はじめから目指すのをあきらめてしまうし、あまり低すぎる目標ではモチベーションは上がりません。

会社には企業理念や経営方針がありますし、年度ごとの目標もありますが、それとは別にチームでの目標を立てるべきです。

それも、できれば一つだけに絞ったほうがみんなで共有しやすいでしょう。ボビーが掲げた目標はツーベース1本だったから、みんなの意識がまとまりやすかったのです。目標が一つだと、それに向けての対策も絞り込めるので、自然と全員の意識がまとまっていきます。

目標は、高すぎず低すぎず、みんなが狙えて分かりやすいものがベストです。

ただし、ずっと同じ目標ではみんなが飽きてしまいますから、たとえば1年ごとに新しい目標を考えるのも上司の重要な役目です。

49
「自分がやらないことはやらせない」だけで、組織はここまでうまくいく

「エンジョイ・ベースボール」はどうやってチーム全員に浸透したか

うちの部下は育ってくれない、能力がない、元気がない——始終《しじゅう》ボヤいている上司の方もいるでしょう。

部下や後輩が育たないのは、すべて上司であるあなたのせいです。そう言われたら、「そんなことはない。家庭環境や学校教育のせいだ」と言いたくなるかもしれません。

しかし、あなた自身が部下だったときのことを思い出してみてください。いい上司、悪い上司、いろいろいたと思います。今のあなたは、果たしていい上司といえるでしょうか？

僕は、部下は上司を批判してもいいと思っています。なぜなら、立場上は部下であっても、一人の自立した人間であって、上司が自由に使える駒ではないからです。だから、上司の指示が間違っていたり、適切でなかったり、理不尽だと思ったときは、きちんと反論していいし、そうするべきです。

反対に、上司が部下を批判するのはダメ。なぜなら、**どんな部下でもいいところを見つけて伸ばすのが上司の役目だからです。**それができないのなら、上司の能力が不足していると言えます。

上司は部下や後輩に不満を持つ前に、自分自身を振り返ってみることが大事です。

たとえば、僕は自分がやってない人、できない人に、文句言われる筋合いはないと思っています。

たとえば、僕が新入社員で「お茶の入れ方が悪い」と上司に言われたら、「じゃあ、あなたは完璧にできるの?」と思います。思うだけではなく、「それなら、やってみせてください」と言うかもしれません。

スポーツなら、海外の大会に出たこともないコーチに「世界というのは……」と説教されても、心に何も響きません。

自分ができないことは、人に文句を言わない。文句を言いたいなら、自分ができるようになってから。それが僕のルールです。

だから、誰かに指示をするためには、最低限の準備はしておかなくてはなりません。お茶の入れ方にしろ、コピーとりにしろ、自分が相手に求める以上にできていないと、相手は信頼して耳を傾けてくれないのです。

日本の上司には、自分が言ったことを率先してやらない人が多いような気がします。「エンジョイ・ベースボールや。楽しんでいこうぜ!」と言ったのに、状況が悪くなると、指揮官が腕組みして眉間《みけん》にシワ寄せてピリピリしたムードを漂わせていたら、選手は楽しむことなんかできません。

ボビーはエンジョイ・ベースボールを実践していて、僕がミスすると、「サトさん、どうしたんですか? らしくないですねえ。もっとハッスルハッスルで楽しんでやらないと」と片言《かたこと》の日本語で声をかけていました。もちろん、監督の指示を聞かなかったり、集中力がなくてミスをした場合は、顔を真っ赤にして怒ります。でも、どうしようもないミスで本人が気落ちしていると、励ましてくれるのです。

ボビーは、チームにもエンジョイ・ベースボールを求めていました。チームのルールがあって、誰かがホームランを打ったら、ベンチでハイタッチで迎えないといけなかったのです。

攻撃中、味方がランナーに出ているときもぼんやりしていられません。相手ピッチャーが牽制《けんせい》するときに、ベンチが一緒になって「バック！（塁に戻れ）」とランナーに声をかけないといけないからです。そのように、チームが一体となるようなゲーム感覚の仕掛けも実践していました。

結果を出すのは難しいことです。だからこそボビーは、「**やれば誰でもできること**」**を浸透させようとしていました。**エンジョイ・ベースボールをただのスローガンではなく、みんなが共有するよう先頭に立っていたのです。

上司が率先して行動していれば、部下は自然と見習います。部下は上司の鏡なのです。

50

大一番は、日常の仕事より断然カンタン

日本シリーズ、WBCはこうやって勝ち切った！　最高の結果を手にするための最強思考

皆さんは、日々さまざまな悩みや苦しみと戦いながら生活していると思います。大きな案件を任されたり、取引先に振り回されたり、やりたくない仕事を押しつけられたり。毎朝、ため息をつきながら満員電車で通っている人もいるかもしれません。

それも僕たちと違ってシーズンやシリーズなどの区切りはなく、長い期間での終わりのない戦いでしょう。

僕たちプロ野球の選手は、シーズンごとの契約で戦っています。

野球の日本シリーズやCSはその年の集大成であり、それで優勝が決まるので、相当

なプレッシャーがかかると思うかもしれません。そこで負けてしまったら、その1年間積み上げてきた勝利はすべて無に帰します。

他の選手はプレッシャーがかかっていたかもしれませんが、僕自身は「**こんな楽なことはないな**」と感じていました。

なぜなら、**勝っても負けても、そこでそのシーズンは終わるからです**。4勝か4敗すれば、そこで終わり。活躍しようがしまいが、自分の生涯成績に加算されることはないので、気分的にとても楽な勝負だと思っていました。

それよりは、シーズンの中盤辺りでめっちゃ調子が悪いときのほうが、地獄です。

「明日も試合があるのに、全然ヒット出えへん」という日がこれから何十日も続いたらどうしよう、と悩んでいると、先が見えなくてさすがにしんどい気分になります。

日本シリーズやCSはもう何試合かしたら終わりなので、みんなが緊張していると、「はぁ、緊張してんの？　もうすぐ終わるんだから、全然楽でしょ」と言っていました。

そんな気持ちだったから、大舞台でも強気のリードでインコースをガンガン攻めたりできたのかもしれません。

ビジネスマンの皆さんにも、社運を賭けた大きなプロジェクトにかかわる場面があるでしょう。

そんなときに「失敗したらどうしよう」という不安が先に来ると、本来の力が出せなかったり、判断が鈍るおそれがあります。

でも、**誰も評価してくれないかもしれない日常の地味な仕事を頑張るよりも、はるかにリターンが大きい場面だと考えてはどうでしょうか。**

たとえその大一番で大きな失敗をしたところで、人の噂も75日と言われているように、やがてみんな忘れてしまいます。失敗した直後は激しく落ち込み、後悔し、会社に行きたくないと思うかもしれませんが、その苦しみは永遠には続きません。時間が解決してくれます。

大一番に限らず、嫌な上司や苦手な取引相手など、頭を悩ませることばかりに囲まれていても、そのつらさもいつか終わります。たいていの会社には異動があるので、そこで周りの環境もガラッと変わるかもしれません。それまでの辛抱です。

僕も、引退してからはシーズンオフのない生活になりました。終わりのないさまざまな問題と戦っています。

そんなときに思うのは、やまない雨はないし、明けない夜もない、ということ。永遠に続くように思える苦しみやつらさも、いつか終わりが来ます。

そう考えれば、「難しい」日常生活を乗り切り、「簡単な」大チャンスを増やしていけるのではないでしょうか。

エリートの倒し方
天才じゃなくても
世界一になれた僕の思考術50

2017年3月13日　第1刷発行
2017年5月9日　第3刷発行

著　者　里崎智也

発行者　土井尚道
発行所　株式会社 飛鳥新社
〒101-0003
東京都千代田区一ツ橋2-4-3 光文恒産ビル
電話（営業）03-3263-7770（編集）03-3263-7773
http://www.asukashinsha.co.jp

協力　本原正明（株式会社ロッテ　ビックリマン担当）
カバー撮影　石井勝次
カバーデザイン　渡邊民人（TYPEFACE）
本文デザイン　清水真理子（TYPEFACE）
編集協力　大畠利恵
写真協力　松風あおば
校正　東京出版サービスセンター

印刷・製本　中央精版印刷株式会社

ISBN978-4-86410-544-6

編集担当　矢島和郎　三宅隆史